世紀人物100

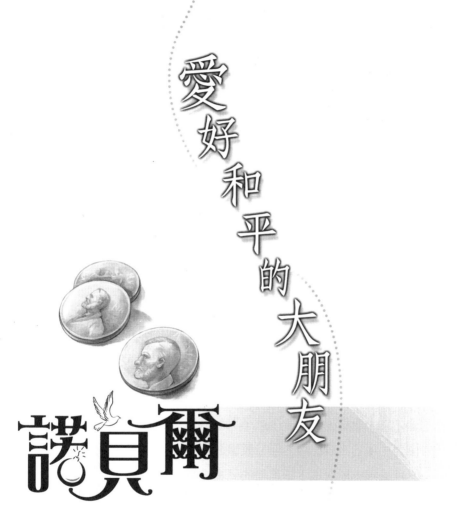

愛好和平的大朋友

諾貝爾

余國英　著

三民書局

獻給孩子們的禮物

世界上最幸福的孩子，是他們一出生就有機會接近故事書，想想看，那些書中的人物，不論古今中外都來到了眼前，與他們相識，不僅分享了各個人物生活中的點滴，孩子們的想像力也隨著書中的故事情節飛翔。

不論世界如何演變，科技如何發達，孩子一世幸福的起源，仍然來自於父母的影響，如果每一個孩子都能從小在父母親的懷抱中，傾聽故事，共享閱讀之樂，長大後養成了閱讀習慣，這將是一生中享用不盡的財富。

三民書局的劉振強董事長，想必也是一位深信讀書是人生最大財富的人，在讀書人口往下滑落的多元化時代，他仍然堅信讀書的重要，近年來，更不計成本，連續出版了特別為孩子們策劃的兒童文學叢書，從「文學家」、「藝術家」、「音樂家」、「影響世界的人」系列到「童話小天地」、「第一次」系列，至今已出版了近百本，這僅是由筆者主編出版的部分叢書而已，若包括其他兒童詩集及套書，三民書局已出版不下千百種的兒童讀物。

劉董事長也時常感念著，在他困苦貧窮的青少年時期，是書使他堅強向上，在社會普遍困苦，而生活簡陋的年代，也是書成了他最好的良伴，他希望在他的有生之年，分享這份資產，讓下一代可以充分使用，讓親子共讀的親情，源遠流長。

「世紀人物100」系列早就在他的關切中構思著，希望能出版

孩子們喜歡而且一生難忘的好書。近年來筆者放下一切寫作，接下這份主編重任，並結合海內外有心兒童文學的作者共同為下一代效力，正是感動於劉董事長致力文化大業的真誠之心，更欣喜許多志同道合的朋友，能與我一起為孩子們寫書。

「世紀人物100」系列規劃出版一百位人物故事，中外各占五十人，包括了在歷史上有關文學、藝術、人文、政治與科學等各行各業有貢獻的人物故事，邀請國內外兒童文學領域專業的學者、作家同心協力編寫，費時多年，分梯次出版。在越來越多元化的世界中，每個人都有各自的才華與潛力，每個朝代也都有其可歌可泣的故事，但是在故事背後所具有的一個共同點，就是每個傳主在困苦中不屈不撓，令人難忘的經歷，這些經歷經由各作者用心博覽有關資料，再三推敲求證，再以文學之筆，寫出了有趣而感人的故事。

西諺有云：「世界因有各式各樣不同的人群，才更加多采多姿。」這套書就是以「人」的故事為主旨，不刻意美化傳主，以每一位傳主的生活經歷為主軸，深入描寫他們成長的環境、家庭教育與童年生活，深入探索是什麼因素造成了他們與眾不同？是什麼力量驅動了他們鍥而不捨的毅力？以日常生活中的小故事，來描繪出這些人物，為什麼能使夢想成真。為了引起小讀者的興趣，特別著重在各傳主的童年生活描述，希望能引起共鳴。尤其在閱讀這些作品時，能於心領神會中得到靈感。

和一般從外文翻譯出來的偉人傳記所不同的是，此套書的特色是，由熟悉兒童文學又關心教育的作者用心收集資料，用有趣的故

事，融入知識，並以文學之筆，深入淺出寫出適合小朋友與大朋友閱讀的人物傳記。在探討每位人物的內在心理因素之餘，也希望讀者從閱讀中，能激勵出個人內在的潛力和夢想。我相信每個孩子在年少時都會發呆做夢，在他們發呆和做夢的同時，書是他們最私密的好友，在閱讀中，沒有批判和譏諷，卻可隨書中的主人翁，海闊天空一起遨遊，或狂想或計畫，而成為心靈知交，不僅留下年少時，從閱讀中得到的神交良伴（一個回憶），如果能兩代共讀，讀後一起討論，綿綿相傳，留下共同回憶，何嘗不是一幅幸福的親子圖？

2006 年，我們升格成為祖字輩，有一位朋友提了滿滿兩袋的童書相送，一袋給新科父母，一袋給我們。老友是美國國家科學院院士，曾擔任過全美閱讀評估諮議委員，也是一位慈愛的好爺爺，深信閱讀對人生的重要。他很感性的說：「不要以為娃娃聽不懂故事，我的孫兒們一出生就聽我們唸故事書，長大後不僅愛讀書而且想像力豐富，尤其是文字表達能力特別強。」我完全同意，並欣然接受那兩袋最珍貴的禮物。

因為我們同樣都是愛讀書、也深得讀書之樂的人。

謹以此套「世紀人物 100」叢書送給所有愛讀書的孩子和家庭，以及我們的孫兒──石開文，他們都是世界上最幸福的孩子，因為從小有書為伴，與愛同行。

大家都聽過諾貝爾獎這個獎項名稱吧？

　　每年 10 月左右，全世界的人們就開始推測討論今年哪幾個人有希望得到諾貝爾獎，到了每年 12 月 10 日，報紙上、電視上，天天都在報導得獎人的名字以及他們對人類的貢獻，諾貝爾獎便成了大家熱烈討論的話題。

　　什麼是諾貝爾獎呢？

　　一百多年前，由於當時正在開鑿蘇伊士運河，新大陸美國正在建造鐵路，再加上無數煤礦、油礦的開採，都急需有強大爆破力的炸藥，有一個名叫阿佛雷·諾貝爾的瑞典人，潛心研究硝化甘油，成功的發明了一種用導火線引爆的爆炸油。可惜那時的火藥實在不夠安全，他親愛的弟弟埃米爾就在 1864 年的一次工廠爆炸中，與其他四個人一同被炸死了。這樁慘痛的意外，促使他特別努力，不斷的發明和改進，使炸藥的性質更加安定，使用、儲藏、運輸起來更加方便安全。諾貝爾因為擁有炸藥的專利權及炸藥的製造工廠而變成一個很有錢的富翁，且被譽為「炸藥工業之父」。

　　炸藥在工業上是很有用的東西，你想，很多很有用的礦物，往往埋在深深的地層底下，人們單用赤手空拳和簡單的工具

是挖掘不到的，現在，只要點燃炸藥，先把地層炸開，開採寶貴的礦物就變得容易得多了。我們旅行時所坐的火車和汽車，是不是有時要經過一些山洞？你有沒有想過，山這麼高，要在上面開一條路，是一件多麼困難的事情？全都靠著工程師們先用炸藥炸開堅硬如鐵的岩石之後，才能在這麼高聳的山嶺中開洞。你可曾想到，若是沒有威力強大的炸藥來開鑿人工河流的話，我們能否坐著船隻，在運河上遨遊，享受兩岸宜人的美景呢？所以，炸藥對於人類，確實是有很大的用途。

不幸的是，有些野心家，卻將炸藥用在戰爭上，槍彈大炮不但摧毀了很多人的家園，使他們無家可歸，更有許多人因而喪失生命，這是多麼可怕的事情啊！

1891 年，由於法國人對諾貝爾的不諒解，所以諾貝爾在親愛的母親逝世之後，就由法國搬到義大利。年老而體弱多病的諾貝爾，被迫遷出他居住了近二十年、有如第二故鄉的巴黎，遠離巴黎的友人以及他最熱愛的實驗室，這對他來說，該有多麼傷心和失望呀！

在諾貝爾過世的前一年，也就是 1895 年，他寫下了遺囑，要將私人財產的大部分成立基金，用基金每年的利息來頒發給這一年中對世界人類的和平、物理、化學、文學、醫學生理學等方面有特殊重大貢獻的人，這項只論成就，不論國籍、性別、種族、宗教的獎項，就是諾貝爾獎。

諾貝爾特別喜愛文學，尤其是英國詩人雪萊的作品感動他最深。他在少年時期便為雪萊詩中的想像力、追求世界和平的博愛思想所折服。在我看來，他盡力獎勵那些對人類有建樹、促進世界和平有貢獻的傑出人士，就是偉大詩人的情懷，他所設立的諾貝爾獎，就是人間一首美麗的詩篇。

　　因為諾貝爾致力提倡和平，人們就稱他為「和平之友」，也就是說，他是一位愛好和平的大朋友。

　　希望大家都能朝著他指示的方向努力。

　　諾貝爾過世已經有一百多年了，諾貝爾獎和獎金的設立，也已經有一百多年的歷史，雖然每年世界上只有極少數的人才有得獎的殊榮，但是，由於諾貝爾鼓勵大家往正確的方向努力，因此眾人都在和平、物理、化學、文學、醫學生理學，以及經濟方面努力，為的是尋求世間的真理、尋求心中的理想，進而對人類有所貢獻。所以在這些領域裡努力的人們，一定是對人類充滿愛心的！一個人的心中只要充滿了愛，無論能不能得到諾貝爾獎，一定是一個幸福而快樂的人。

　　你同意不同意呢？

　　在這裡，故事正文開始之前，我想解釋一下本書所用的名字的問題。

　　諾貝爾的全名是「阿佛雷・巴納・諾貝爾」，這個名字分析起來，最前面的「阿佛雷」是他個人的名字，「巴納」是中間名字，除了正式場合，一般人很少用到，而「諾貝爾」則是家族的姓氏。諾貝爾

有兩位也很有名的哥哥，所以，書中凡是提到「諾貝爾兄弟」時，當然是指他們三兄弟，但若只用「諾貝爾」或「諾貝爾先生」這個姓的時候，就是指這三位兄弟中最有名的阿佛雷，因為他是本書所要介紹的主要人物。

寫書的人

余國英

　　祖籍江蘇興化，生於湖南長沙，長於臺灣嘉義。嘉義民族國小、省立嘉義女中、國立臺灣大學畢業後，得羅格斯大學全額獎學金赴美，先後畢業於羅格斯大學研究所、康乃爾大學研究所。

　　曾任教於羅格斯大學及汎尼笛根生大學。退休前為愛詩蘭黛軟體應用工作企劃領導之一。現專事寫作，為全美華文作家聯誼會副會長、海外華文女作家協會祕書長，並擔任《美國文摘雜誌》編輯顧問，《世界日報》網上文緣國英小說專欄作者。

　　1992 年獲「聯合文學新人獎」，2000 年獲「世界華文文學優秀小說獎」。著有《家有六仟金》、《移民家庭紐的洋過招》、《我愛棕櫚，我愛棕櫚》、《柿子紅了》、《飛越安全窩》等。

愛好和平的大朋友

諾貝爾

◆ *1*　堅毅的母親安德麗　*2*

◆ *2*　聰明的父親茵曼紐　*14*

◆ *3*　諾貝爾家族姓名的趣事　*32*

◆ *4*　天才加很多努力才等於成功　*41*

◆ *5*　動人的手足之情　*64*

◆ *6*　放下武器　*82*

◆ *7* 選擇做好人 *106*

◆ *8* 一首美麗的詩篇 *119*

◆ *9* 諾貝爾獎 *124*

後　記 *140*

世紀人物
100

諾貝爾

1833~1896

1 堅毅的母親安德麗

　　1833 年，瑞典王國首都斯德哥爾摩，一個名叫茵曼紐・諾貝爾的建築商，事業失敗之後，家中又發生了火災，他勇敢的太太安德麗，非常鎮靜的將兩個孩子由大火中迅速的搶救了出來。

　　「不要怕，只要留得性命，我們還可以重建家園。」樂觀的她，對生命充滿了信心。這場大火雖然使他們不得不宣布破產，卻也因此得到法律的保護，債權人就無法再繼續追討他們欠下的錢，茵曼紐就可以每天專心出去找工作，想法子再努力重建。

　　極度困難的生活，並沒有打倒諾貝爾一家對生活的信心，只有使他們更加堅強，更加團結。

　　同年 10 月 21 日，諾貝爾家中增添了一個小寶貝，這是諾貝爾

家的第三個兒子，取名阿佛雷·諾貝爾。小諾貝爾有兩個哥哥，大哥叫羅勃特，比他大四歲，二哥叫陸德維，比他大二歲。

一般健康的嬰兒生出來的時候，都會扯開喉嚨，呱呱的大哭大喊，放聲的告訴這個世界，我來了，我來了，快來愛我，快來歡迎我呀！可是，初生的小諾貝爾的哭聲，怎麼小得好像聽不見啊？年輕的安德麗抱著小諾貝爾羸弱的身體，看著那張皺皺的小臉，耳中聽著小寶貝像遊絲一樣細細的哼聲，做母親的心扭絞成一團，她焦急的想：「我可憐的小寶貝會活下去嗎？會活下去嗎？」

一百多年前的時候，醫藥不如現在發達，衛生設施也沒有現在完善，初生嬰兒存活的希望本來就不大，何況身體瘦弱的小寶寶呢！尤其，安德麗後來還發現小諾貝爾的背脊骨太軟，使他常

常痙攣，呼吸困難，加上消化力也不健全，怎麼吸收營養呢？安德麗想到這裡，幾乎要哭了。

不過，她沒有哭泣，流淚對於事情沒有什麼實際的好處，這位年輕堅毅的媽媽勇敢的忍住眼淚，一面溫柔的搖著小嬰兒的搖籃，一面堅強的發下誓願，絕對要盡全力來照顧她的小寶貝，每一分鐘都要保護他，使他不但可以活下去，將來還要長成像他兩個哥哥一樣健康的小男孩！

夫妻兩人向安德麗的哥哥陸德維‧阿爾謝借了一筆錢，所以在小諾貝爾出生之後，隔年7月，諾貝爾家的破產就宣告終止，債務分十七年還清。

小諾貝爾在母親安德麗細心的照料下，總算活了下來，雖然臉色蒼白，身體也比較矮小，可是安德麗發現在他沉默安靜的外表下，有著很聰明的頭腦，學習

能力強，記憶力更好，尤其好奇心特別重，對什麼事情都很有研究改進的興趣。

這天，四歲的小諾貝爾正跟在媽媽身後，扯著她的裙子，注視著四周的環境。爸爸茵曼紐由外面興沖沖的回家，自從破產以來，這還是第一次看到他那麼充滿了希望。

「看，小阿佛雷正在安靜的沉思呢，他在想：這是什麼？有什麼用？可不可以改進得更好？」安德麗笑咪咪的告訴茵曼紐。

「是嗎？我聰明的小兒子！」茵曼紐抱起小諾貝爾，很親熱的吻著他。一會兒，茵曼紐放下小兒子，憐愛的拍拍他的小腦袋瓜，然後問他的妻子：「記不記得我們以前一位身體健壯的鄰居？前幾年他搬到俄國去，現在在那邊混得很不錯了。」安德麗點點頭，因為她也聽見外面傳說紛

紛，都說俄國是一個富足而包容外國人的國家，到了那裡，只要勤懇努力的工作，一定可以吃香喝辣，有衣服穿，有房子住。

「我已經有四年沒有工作了，這樣下去是不行的，所以也想到俄國去碰碰運氣。」茵曼紐向他的妻子說。

安德麗又默默的點了一下頭，守在這個地方，沒有工作，沒有收入，終究不是個辦法。

於是，茵曼紐離家謀生，能幹而堅毅的安德麗則帶著三個兒子，留在瑞典，開一家以售賣蔬菜、牛奶及奶油、乳酪等牛奶製品的食品雜貨店，來維持一家生計，艱困的生活反而使她大大的藍眼睛更加清澈，使她深金色的頭髮格外柔亮。

安德麗不但是一位美麗的女子，她也是家庭的支柱，丈夫的賢妻，孩子們熱愛的母親*。

　　小諾貝爾的兩個哥哥羅勃特及陸德維也會幫忙家計，常常在吃完早餐後，就到巷口街頭兜售火柴，賺一點小錢。媽媽安德麗留在店中，一面照顧小諾貝爾，一面招呼顧客。不久，她收到一封由芬蘭寄來的信。

放大鏡

＊諾貝爾學會了英文之後，在十八歲時，曾用一首極美的英文詩來呈現他母親的辛勞，並將他自己幼年時期體弱多病的狀況及感受作了描述，這首詩的大意是：

> 我的搖籃像一具棺材，
> 母親不斷的看護著，
> 為挽救我那欲滅的光亮，
> 辛勞而憂愁。
> 到掙扎著吮乾她的乳汁，
> ……
> 我和死亡惡鬥，
> ……
> 我脫離啼哭的嬰孩時代，
> 那是很不重要的時代，
> 除了哭泣　什麼都不知道，
> 如今　我已長成幼童，
> 但是身體虛弱，
> ……
> 我的心中忙碌的默想將來的快樂。
> ……

「媽媽，誰寄來的信?」二哥陸德維問。

「這是爸爸經過芬蘭時寄回來的家書。」好脾氣的安德麗答道。

「爸爸信中說了些什麼?」大哥羅勃特也問。

「爸爸說，他正在前往俄國聖彼得堡的途中，要我們放心，好好照顧自己。」安德麗讀完信後，很欣慰的回答。

「爸爸還說了些什麼?」二哥陸德維又問。

「爸爸希望你們都做聽話的乖孩子。」安德麗把茵曼紐報平安的信摺好收入信封中，再仔細的把信放在圍裙的口袋裡。

之後，郵差成了他們家最受歡迎的人。

一家人最高興的時候，就是媽媽將爸爸由遠方寄回來的信，讀給大家聽，而媽媽也會將家中

9

狀況，寫在家書裡面，寄給遠方的爸爸。

沉默少言的小諾貝爾身體漸漸好轉，七歲那年，進了一所讓窮苦兒童們受教育的學校。教室環境很差，不但通風不良，室內還充滿了油燈及小火爐燃燒木材所產生的黑煙，老師更是常對學生體罰，但是小諾貝爾在學校中的成績一直很好。安德麗常常寫信告訴在遠方謀生的茵曼紐，小諾貝爾在學校裡功課學業各方面的良好表現。

一天，「爸爸來信了！」安德麗高興的告訴三個兒子。

「爸爸信裡說了什麼？」三個人齊聲問道。

「爸爸說我們母子四人都很勇敢，他很為我們驕傲，還特別稱讚小阿佛雷在學校每一樣功課都名列前茅。」安德麗接著說：「他叫小阿佛雷為『我的用功的好兒

子』，並說他這麼聰明、努力，讓爸爸、媽媽以及哥哥們都十分愛他。」

「對，我們都很愛我們的小弟弟阿佛雷。」兩位哥哥都拍手同意。

日子就在全家人等待、閱讀父親來信的歡樂氣氛中，慢慢流逝。

五年之後，1842 年的 10 月 21 日。大哥羅勃特從外面跑回來，手中揚著一封信。

「媽，爸爸的信！」羅勃特快樂的喊道。他今年已經十三歲了，知道要替媽媽分憂，幫媽媽做家事。

「媽，上次妳告訴爸爸，說我們是好孩子，爸爸一定是說他很高興，而且很想念我們吧！」二哥陸德維說，他已經十一歲了，也非常聰明懂事。

安德麗急忙拆開信件，才讀

了一半就開始掉眼淚。

「媽媽！」三個兒子都嚇壞了，他們從來沒有見過母親流淚。

「媽媽！」九歲的諾貝爾跑過去摟住媽媽，想要安慰母親。

「你們爸爸的事業已經有轉機啦，他在那邊建立了一家工程工作室，寄來了船票要我們過去，我們得趕快去辦瑞典公民的護照＊。我真是太高興了！」安德麗大聲的哭了起來。

在申請護照的那一段時間裡，安德麗常常一面掉著欣慰的眼淚，一面努力的由婆婆的淚眼內覷清針孔，以便穿針引線，她

＊護照　就是由國家頒發的正式證件，用來證明這位旅人的國籍，讓他在國外受到當地政府的保護，能夠安安全全的在國外旅行，快快樂樂的回到家鄉。

諾貝爾一家原是瑞典的國民，現在，他們全家就要搬到俄國的聖彼得堡，與遠在外國謀生的父親團聚了，所以必須辦瑞典的護照才能出國。

要盡量把孩子們的舊衣服縫補得
體面一些。懂得體貼母親的諾貝
爾經常在一旁安靜的拉著媽媽的
圍裙，用裙裾替媽媽擦眼淚。

俄國那時還在沙皇的統治之
下，而沙皇正在招募一些外國商
人及發明家到俄國來效勞，茵曼
紐憑著天生的聰明，以繪畫、機
械製圖的才能，加上努力不懈的
工作，五年之後，他終於有足夠
的能力，把妻子安德麗和三個兒
子一齊接到他工作的地方。

1843 年，諾貝爾的小弟弟埃
米爾也在全家歡樂的氣氛中出世
了。

2 聰明的父親茵曼紐

　　俄國聖彼得堡的氣候與斯德哥爾摩差不多，10月底的天氣已經漸漸寒冷了起來。然而諾貝爾一家一點也不在乎，因為全家人能夠團聚在一起，使他們心中充滿了溫暖和感激。

　　五年真是一段很久的時間，大哥羅勃特、二哥陸德維都由孩童變成了青少年，兩人都長高了不少，尤其是大哥羅勃特，幾乎快要和媽媽安德麗差不多高了。九歲的小諾貝爾雖然長得很慢，個子一直都不很高，也不怎麼活潑，可是他是個聰明、安靜的好孩子，雙眼充滿了智慧，眼光中帶著的那一抹憂鬱，更使他顯得溫柔和善。媽媽安德麗大大的藍眼睛顯得更加堅定，深色的金髮也格外柔亮，爸爸茵曼紐離開家

鄉瑞典斯德哥爾摩的時候，因為前途茫茫，未來難測，神情十分憔悴和委靡，現在，他舉手投足間，完全恢復了自信。

「俄國沙皇政府已經與我簽了約，只要努力工作，沙皇政府就會庇護我們工廠的發展，所以我們有了可靠的經濟來源。」爸爸茵曼紐笑著說道，他目前有恃無恐，只要好好工作就行了。

「我們現在的房屋，也比以前的堅固多了。」把新家上上下下，仔仔細細洗刷了一遍，媽媽安德麗打開行李來整理，非常滿意的說。雖然只有一層樓，而且也有點陳舊，不過讓他們一家五口來住，是很足夠了。

「看哪，窗外就是聖彼得運河。」小諾貝爾的兩位哥哥站在窗口，向外遠眺，齊聲嚷道。

「阿佛雷，你到這邊來，這邊視野比較清楚。」哥哥們看見小

諾貝爾踮起腳尖，怕他看不見窗外的風景，連忙讓出一個最前面的位置來給他。

「河裡船隻來來往往，水上風景與家鄉一般美麗！」小諾貝爾說。

傍著河流的新家園，使住慣了水鄉的三兄弟，覺得非常快樂。

第二天，茵曼紐帶著三兄弟去參觀他的工程工作室，裡面各式各樣的機械，讓三兄弟看得眼花撩亂。

「以前，我在瑞典建造了第一座供應軍方及醫院用品的橡膠工廠，卻在設計一座大吊橋的時候，被一場突來的大火燒掉了我的房屋錢財。後來，我為長征的士兵發明了裝救命設備及床墊的橡膠袋，沒想到，工廠也不幸被爆炸意外毀掉。雖然，我跌倒了，但憑著自己的本領及努力，

現在，我又爬了起來，一家人的生活，也一天比一天好轉。所以，經驗教訓我們，錢財是身外之物，有時有，有時無，但我們的知識和智慧，是怎麼也不會被大火燒掉，或是被爆炸摧毀的。」有發明天才的茵曼紐在前面領頭走，不時轉過頭來對跟在他身後東張西望的兒子們說。

「爸爸非常遺憾自己在少年時代，因家境貧困而失學，現在我要彌補這個遺憾！我老實對你們說吧，一位父親能給孩子們終生最受用的禮物，就是讓孩子們受最好的教育。」茵曼紐愈說聲音愈大，簡直停不下來了＊。

參觀工廠之後，有好一陣子，三兄弟還一直津津有味的回憶那天在工廠裡所看見的各式機

放大鏡 ＊其實，諾貝爾父親的長篇大論，只需要一句話就可以解釋，那就是：「萬貫家財，不如一技在身。」

械，以及父親所說的大道理。

　　過了幾天，茵曼紐舉起雙手，說他又有好消息要向全家宣布。

　　「我給你們聘請了赫赫有名的化學教授任寧來教授你們的化學、物理、數學與工程方面的知識，奠定你們科學知識的根基。」茵曼紐很得意的說。

　　「另外又聘請了一位學富五車的語言和歷史學家薩特森教授來指導你們，打好你們的人文、哲學方面學問的基礎。」茵曼紐對於聘請高明的老師，自有他的一套見解和主張。

　　此後，諾貝爾家三兄弟在家中開始接受最新的知識教育。諾貝爾一生，博覽群書，足智多聞，但只進過一年多的正式學校。

　　「阿佛雷，你與哥哥們一共學了幾國的語言文字？」茵曼紐有

時這樣問諾貝爾。

「爸爸，我們除了瑞典語外，又學習了俄語、法語、德語、英語。」諾貝爾輕聲但很清楚的回答。

「一共五種不同的語言，會不會混淆呢？」工作忙碌的茵曼紐追問他。

「爸爸，你放心，這五種語言我都會讀、會聽、會寫也會說，而且保證文法、語句，一點都不會錯誤。」諾貝爾毫不猶疑的回答。

在語言學習方面，諾貝爾完全不落人後，十七歲時，他已經能夠流利的講五種語言，日後，他甚至親自執筆寫信，不勞祕書翻譯。

「關於化學、物理、數學和工程方面呢？」茵曼紐再繼續問。

「任寧老師常常誇獎我們又聰明又努力，所以進步很快。」諾

貝爾很有自信的回答。

諾貝爾家兄弟年齡雖然有一些差距，但聰明好學的諾貝爾常常手不釋卷，只要有機會，永遠在讀書，所以三兄弟一同學習，小弟諾貝爾不但一點都不會跟不上，有時甚至比兩位哥哥學得更快更好呢。

他們在外國謀生，身處異鄉，所以一家人感情特別融洽，在工作學習以外，一有時間，全家就聚在一起，談天說地。

「我在六歲的時候，就用一塊冰製造了一支簡單的稜鏡。」天才爸爸茵曼紐在談天的時候，告訴三個兒子。

「爸爸，小弟阿佛雷也很喜歡發明，他將來很可能也會做發明家。」二哥陸德維告訴父親。

「發明家有了發明，一定不要忘記去向政府申請專利權喔。」這是茵曼紐根據自己的經驗給兒

子們的寶貴忠告。

「什麼是專利權呢？」諾貝爾輕聲的問，他對這個名詞還不太清楚。

「專利權就是用法律來保障發明人的一種權益，假如發明家發明了一項新產品或新儀器，只要申請到專利權，將來任何人要製造或發售這項新產品或新儀器時，都得事先付給那位有專利權的發明者一筆報酬。」茵曼紐解釋道。

「唔，發明家辛辛苦苦努力工作，是應該獲得這種回報的。」諾貝爾點頭同意。

「發明一旦成功，就要立刻拿到政府機關去登記，完成登記的發明，才能受到政府法律的保護。」茵曼紐又追加了一句。

「是。」諾貝爾把爸爸的教訓銘記在心，果然讓自己終生受益無窮＊。

　　諾貝爾與他的父親一樣，都深深相信努力工作，以及享受工作的成果，比什麼都重要。

　　「阿佛雷，你長大以後，想做什麼？」茵曼紐問他。

　　「我想，大概做詩人吧。」諾貝爾想了一下才回答，因為他的興趣實在太多了，仔細衡量一下，他還是比較喜歡文學＊。

　　「做詩人？」這是出乎茵曼紐意料之外的答案，因為他的工廠裡面並不需要詩人。

　　「大概是吧。」諾貝爾最近才寫了幾首自己覺得十分滿意的英文長詩。

放大鏡

　　＊二十三歲的諾貝爾從歐美遊學歸國後，不久就改良了一個用來計量液體的煤氣計量表，他聽從了父親的忠告，立刻為自己的首項發明，申請了他生平的第一項專利權。

　　＊諾貝爾受英國詩人雪萊及拜倫作品的影響最深，對雪萊詩中追求世界和平的博愛思想極為折服。他在十八歲時，以「你說我是個謎」為題，用優美流暢的英文撰寫了長達三百一十九行的自傳式長詩，不但充分顯露他的文采，也表達了他當時的人生態度。

「我覺得你有物理和化學方面的天分，正是我工廠裡最需要的人才。」茵曼紐毫不遲疑的告訴他。

乖巧而沉默的諾貝爾，對父親的意見，並沒有太強烈的異議，因為他博聞強記，實際上對於科學也十分傾心。

不久，茵曼紐就幫他安排了周遊多國，進修訪問的計畫，讀萬卷書，行萬里路，兩者都有益於身心，諾貝爾當然非常高興。

「阿佛雷，我送你出國遊學，一則讓你鍛鍊一下身體，你的健康從小就不怎麼好，外面的新鮮空氣，一定有益你的身心；另外，你的語言能力也強，我特別希望你能在國外學到化學和化工方面的新科學知識，與你的哥哥們都能成為我事業上得力的助手。」茵曼紐這樣叮嚀他的小兒子諾貝爾。

「至於詩歌等文學，你可以當作將來業餘的嗜好。」父親的囑咐，諾貝爾永遠銘記於心，所以，他後來在外面有什麼不順心的事，回家以後，就作文寫詩，有時甚至寫一些諷刺的劇本，來發洩自己心中的不平。每次寫完了詩歌或劇本，諾貝爾就覺得心情舒暢了一些。

1850 年，精通各國語言的諾貝爾前往法國、義大利、德國和美國研究、學習科學。

在旅途中，諾貝爾看了不少與祖國瑞典及僑居地俄國不同的風景、人物，並觀察當地人們的生活習慣，因而見了很多「世面」，對他日後「全人類平等」的世界觀念，有很大的影響。

當他在法國巴黎的實驗室工作時，他的老師就是發明硝化甘油的義大利化學家索波瑞。

「硝化甘油的劇烈爆炸性能

實在難以控制，所以我們還不知道它有什麼實用價值。」偉大的化學家索波瑞告訴他的學生諾貝爾。

「利用和開發這種易爆物是完全可能的。」諾貝爾立刻就意識到這種情況，沉默的點點頭，同時陷入深思。日後，他果然青出於藍，而勝於藍，想出比他的老師更高明的招式，得到驚世的成功。

在美國時，諾貝爾在瑞典籍科學家愛利克遜的研究室工作。愛利克遜的年齡與諾貝爾的父親茵曼紐差不多，興趣和發明也多與機械化戰爭及蒸汽熱力技術有關。諾貝爾回國以後，就把由老師那裡學來的知識學問，用來幫助父親經營鋼鐵機械方面的製造，非常的得心應手。後來，在設計自己的實驗室及建造工廠方面，也相當成功，最後，他的實

驗室及工廠，遍布於歐洲、美洲以及非洲，名師手下果然出了世界級的高徒！

　　1852 年，諾貝爾回到聖彼得堡，與大哥羅勃特、二哥陸德維共同協助父親工廠的研究開發工作。1853 年，克里米亞戰爭＊爆發，「諾貝爾父子鋼鐵機械製造公司」因生產大量軍用物資供應俄軍而賺了不少錢，甚至還清了二十幾年以前茵曼紐欠下的債務。

　　茵曼紐現在已經申請到各種陸地及海中礦產開採的專利權，供給俄國軍隊的軍需之用，在茵

放大鏡

＊克里米亞戰爭　1853～1856 年。1852 年，土耳其將耶路撒冷的一個教堂交給天主教掌管，俄國認為對土耳其境內的一些教徒有保護權，被土耳其拒絕，次年 10 月俄土戰爭爆發，因主戰場在克里米亞半島，故稱克里米亞戰爭。後來英、法等國都加入土方與俄軍對抗，開始的一段時間，諾貝爾的父親茵曼紐發明的水雷阻止了英法艦隊向俄國港口進攻，後來俄國還是寡不敵眾而失敗了！這是歷史上第一次使用現代化武器的戰爭。

曼紐全盛時期，他的工廠僱用了一千名以上的員工，靠著這些員工們的努力生產，工廠的業務蒸蒸日上。

「轟！」

「轟轟！」

「轟轟轟！」

茵曼紐研發的水雷發出了驚人的威力，把英法海軍在水上耀武揚威、橫衝直撞的巨大船隻，炸得威風盡失。

「沙皇萬歲！俄羅斯萬萬歲！」原本已經失去鬥志的俄國軍隊，此時全部高聲歡呼起來。因此，水雷的使用，在俄國和英法克里米亞戰爭的一段時期中，曾扭轉並挽救了俄國全軍覆沒的緊急狀況，這種相持不下的局面，持續了一段時間。

可是，一個國家，怎麼可能抵擋那麼多國家聯合起來的力量呢？所以俄國最後終因寡不敵眾

而失敗，只得在法國巴黎與各國簽約，結束戰爭。

1856 年，俄國沙皇尼古拉一世去世，新政府片面毀棄了前沙皇與諾貝爾父子未履行完畢的合同，這使得諾貝爾父子公司不久之後，再度宣布破產。

茵曼紐只得帶著太太及小兒子埃米爾＊回到瑞典老家。

這次破產，日子並沒有像 1830 年那麼艱難，因為茵曼紐的三個兒子都長大成人了，他花了大量心血培植兒子們作為後繼之人的努力，終於有了收穫和結果。二兒子陸德維變賣了部分的公司資產，給他設置了一筆退休金，使他能安享晚年。

茵曼紐老了以後，自己雖然

放大鏡

＊埃米爾　1843～1864 年，諾貝爾的小弟弟，比他小十歲。諾貝爾 31 歲時，位於海倫波的工廠爆炸，共有五人死亡，正在工廠內工作的小弟埃米爾也被炸身亡。

再也沒有其他了不起的建樹，但他能看見他親手培植的兒子們，一個個出類拔萃，使得諾貝爾這個原是中產階級平民的家族，在北歐變得舉足輕重起來，心裡十分安慰。

諾貝爾家族
姓名的趣事

現在，我們介紹諾貝爾家族姓名的起源，讓大家對諾貝爾的祖先，有進一步的認識。

諾貝爾的全名是「阿佛雷‧巴納‧諾貝爾」，這個名字分析起來，最前面的「阿佛雷」是他個人的名字，「巴納」是中間名字，除了正式場合，一般人都很少用到中間名字，而「諾貝爾」則是家族的姓氏。

有一次，大約是在 1838 年左右吧，因為爸爸茵曼紐不在家，諾貝爾的爺爺和奶奶很不放心媽媽安德麗一個人獨力照顧雜貨店及三個小孩，另一方面，也想問問孫子們好不好，由於那時還沒有電話＊，更沒有電子郵件的服務，所以兩人特地寫信來安慰媳婦和孫子們。

安德麗收到老人家的信，很是感動，就寫了一封回信，謝謝他們的關心，並請老人家好好保重身體。

「媽媽，我們姓諾貝爾，怎麼奶奶說，爺爺以前的名字叫做茵曼紐‧諾貝劉氏呢？那不是跟我們不同姓了嗎？」二哥陸德維指著信封上收件人的姓名，好奇的問媽媽。

「我們家族的姓氏，是一個很長的故事啊！爸爸媽媽雙方所有的先人，雖然不是貴族，可都是有名有姓的人物呢！職業包括了大學校長、法官、軍醫等等。」安德麗很慈祥的說著。

古時候階級森嚴，貴族與平民之間並不做朋友，也不互相來

＊直到近四十年後，1876年美國人亞歷山大‧貝爾才取得電話專利權。

往通婚※，「諾貝爾」一姓的由來十分曲折，因此安德麗打算仔細的說給孩子們聽。

「我們都喜歡聽媽媽說故事。」兩個哥哥齊聲說道。

那時候，沒有收音機、留聲機、電影，更沒有電視，他們最喜歡的娛樂，就是聽媽媽百忙之中，抽空講故事，尤其是祖先的故事。

「提那些老掉牙的事情有什麼意思啊，我們有太多更有意義的事情要做呢。」當時年紀最小的諾貝爾心裡雖然這樣想，但口中並沒有反對※。

諾貝爾很愛他的媽媽和哥哥們，所以他自己對祖先的事蹟雖然沒有興趣，但還是與哥哥們一同坐下來靜靜的聆聽。

「其中最有名的是你們祖先歐魯夫·魯德貝克，是17世紀發現淋巴組織的傑出科學家兼博物

學家，在 1679 至 1702 年間，編纂並出版了他的歷史考古學鉅著《大西洋》，是一位國際知名人士。」媽媽安德麗開始講故事。

「先祖魯德貝克非常值得我們後輩學習。這位精力充沛、學識淵博的天才，具有藝術和音樂方面的天賦，改革了烏普薩拉大學，並且一度當過它的校長；他還教授過諸如天文、數學、物理、機械、化學、植物、動物、解剖學、建築、炮兵科學及煙火製造術等如此截然不同的課程。」

放大鏡

＊17 世紀的歐洲，社會分為三階層，以法國為例，第一層是教士，第二層是貴族，第三層是平民。前兩層人有投票權、選舉權以及不用納稅的權利。平民包括中產階級（如商人、律師及醫師等），以及人數最多的農民（如自耕農、佃農及農奴），當時政府的稅收大部分來自第三階層，他們不但必須向政府、教會納稅，沒有土地的農民還要向地主繳納田租、規費，甚至還要服勞役呢！真是可憐的「萬稅萬稅萬萬稅」制度啊！

＊諾貝爾的一生，都被別的在他看來更為重要的事情所吸引去，直到他長大成名以後，他還這樣寫道：「誰有時間去讀傳記呢？而誰又會如此天真可愛的對這類東西感到興趣呢？」

媽媽安德麗很驕傲的說。

　　諾貝爾家族後來幾代人員，都獻身於這些科目。當然可能是由於父兄們潛心的研究，從小即天天接觸，耳濡目染而感到醉心的結果。也可能是由於祖先的血液裡，早就流傳著這麼多種興趣。當然也可能是一百年以前，人類的知識還不如現代發達，每一種科學都比較淺顯，一個人可以研究很多種科目。

　　「17世紀的70年代，在斯科納省的東諾貝夫，有個喜好音樂並渴求知識的孩子，名叫派翠斯，他離開了自己出生的農村，到北部的烏普薩拉去學習。1682年，進入烏普薩拉大學的法律系，並且用他居處所屬的教區的鎮名為姓，因此，他的名字就變成派翠斯·諾貝劉氏了。」安德麗喝口茶，接著繼續說。

　　「這位派翠斯·諾貝劉氏後

來娶了歐魯夫‧魯德貝克的女兒，成了著名的魯德貝克家的女婿。諾貝劉氏，是一個拉丁語式的姓。派翠斯是第一位變成法官的諾貝爾家族成員。他最小的兒子名叫歐洛夫‧諾貝劉氏，就是你們的曾祖父。歐洛夫‧諾貝劉氏的兒子，也就是你們的爺爺，是一名外科醫生，在耶夫勒當過地區衛生官，名叫茵曼紐‧諾貝劉氏，在戰爭時期擔任軍醫服役時，將他的姓改短成為諾貝爾。諾貝爾是一個道地的瑞典式姓名，所以，你們的父親叫做茵曼紐‧諾貝爾。」媽媽安德麗不厭其詳的告訴他們＊。

「有趣，有趣，我們以後若是遇見姓諾貝劉氏的人，可以要求他們過來認祖歸宗，大家兩百年前，可能是一家人哪。」二哥陸德維拍手叫好。

「是我們要向姓諾貝劉氏的

人認祖歸宗呢？還是他們向我們姓諾貝爾的人認祖歸宗呢？」老實的大哥羅勃特提出這樣的問題。

「當然是他們向我們看齊啦！因為他們大多是農民階級，而我們現在已經是屬於瑞典人民中有名有姓的中產階級老百姓了。」精明的二哥陸德維理所當然的回答。

1859 年 6 月 10 日，在二哥陸德維家中，誕生了一個小寶寶，是第三代孫兒中的長子，為了尊敬祖父茵曼紐，也取名為茵曼紐。這位與祖父茵曼紐同名的孫子，後來不但繼承了父業而且使

放大鏡

＊咱們中國人為了尊敬長輩，取名字一定要故意避開父母及長輩的名字，就是在日常生活中，也要盡量不提及父母及長輩的名字，這種尊敬長輩的行為，叫做「避諱」。

但是西方人的習慣跟我們東方人不盡相同，常常父子同名同姓，表示一脈相承，諾貝爾的祖父及父親本來都應該叫做茵曼紐·諾貝劉氏，但自從祖父將姓氏縮短之後，有時在歷史文獻上，祖父仍叫原名「茵曼紐·諾貝劉氏」，而父親則成為「茵曼紐·諾貝爾」，變成了父子同名不同姓的有趣情況。

之發揚光大，祖父茵曼紐在天之靈一定特別欣慰吧＊！

放大鏡

＊為了尊敬祖父茵曼紐 Immanuel，孫子 Emmanuel 的名字中特地將第一個字母由「I」改成「E」字，以便區別。

這位高大、英俊有著藍眼的長孫，工作努力，聰敏過人，熟習七種語言，比叔叔諾貝爾還多。1887 年，他才二十七歲，就負責管理經營家族在巴庫的石油王國。他向俄國農民推廣安全油燈，以燃燒石油產品的安全油燈取代了危險的木製火把，提高了人們對石油的需求量，因而拯救了諾貝爾家族在巴庫的石油企業。

諾貝爾的姪兒茵曼紐不但繼承父業，使家族企業發揚光大，且替員工子女設立學校，並提供員工保險及員工紅利制度，使所有的工作人員無後顧之憂，雇員們誠心誠意的努力工作，提高生量產，無形中也減少了許多不必要的罷工事件，更是利人利己的先進之舉。

4 天才加很多努力
才等於成功

　　火藥，也就是黑色火藥，是由古代中國人所發明。喜慶時用的美麗煙花以及鞭炮，都是黑火藥的和平用途，它也很早就被中國人用於軍事戰爭。黑火藥後來由蒙古及阿拉伯人傳入歐洲，一直都是唯一的爆炸材料。

　　到了19世紀，歐洲的科技迅速發展，人們為了採礦、築路以及開鑿運河等需要，急需力量比黑色火藥強大的爆炸物。因為，使用威力強大的炸藥代替人類的雙手來挖礦、鑿山及開鑿運河，實在是省時、省力又省錢的便捷途徑。

　　1846年，義大利化學家索波瑞首次製成液體硝化甘油＊，由於它只要受到輕微的振動，就會發生強烈的爆炸，非常不安全，

所以無法獲得實際應用。

1850 年，十七歲的諾貝爾在索波瑞的實驗室內學習的時候，就對老師發明的硝化甘油很有興趣。

「我們現在正處在科學研究日新月異、工業技術突飛猛進的大時代，舉凡開鑿運河、興建土木、開採金屬礦產、石油礦產……等等，都很需要威力強大而又能安全引爆的爆炸物……」諾貝爾默默的看著試管中的液體硝化甘油，出神的沉思著。

「阿佛雷，我們尚不知如何安全的引爆這種液體的爆炸物，所以我對這項產品的具體實用價值並沒有什麼信心。」老師索波瑞搖著頭對諾貝爾說，他早已猜出

放大鏡 ──
＊義大利化學家索波瑞用甘油、硝酸和濃硫酸製成的硝化甘油，是一種十分危險的液體，當時還不知道它有什麼實用價值。

這位安靜聰明的學生心裡的想
法。

1852 年，諾貝爾結束了他在
外國的旅遊學習，回到俄國，加
入大哥、二哥協助父親工廠的研
究開發工作，為了「諾貝爾父子
鋼鐵製造公司」而日夜忙碌，努
力的替俄國生產大量的軍用物
資。

「阿佛雷，這是什麼?」在
1855 年克里米亞戰爭期間，正在
忙碌的父親茵曼紐看見諾貝爾實
驗室中有一瓶液體。

「這是一瓶威力強大但特性
不明的液體爆炸物硝化甘油，我
覺得它很有實用的前途，很想研
究它。」諾貝爾回答。

「阿佛雷，外面戰火正烈，
目前我們的工廠急於生產軍用物
資，哪有餘暇來管這個!」茵曼紐
急急忙忙的走開了。

「是。」諾貝爾也只得忙忙碌碌

碌的加入生產軍用物資的工作。

所以這瓶液體硝化甘油一直被放置一邊。

「克里米亞戰爭結束，俄國戰敗了，我又破產啦！」一天，茵曼紐非常失望的對諾貝爾嘆著氣。

「爸爸，世界上的事是很難預料的！」諾貝爾安慰父親。他有一種塞翁失馬的感覺，認為這可能是個轉機，心裡大大的鬆了一口氣，現在，他反而有時間專心研究硝化甘油的特性，並試驗安全引爆的方法了。

1860 年，諾貝爾開始正式研究硝化甘油。

「怎麼樣才能不減少爆炸的威力，又能夠安全引爆呢？改變爆炸物的形狀？由液體變成固體？」他日夜反覆的思索考慮，前後做了五十多次的試驗。

1862 年 5 月，他在聖彼得堡

工廠運河進行了硝化甘油第一次成功的水下爆炸。次年，他在海倫坡和瑞典礦山進行試驗，結果都很令人滿意，這使他對硝化甘油的前途及市場遠景都抱持著相當樂觀的態度。

1863 年，諾貝爾已經研發了雷管＊，想起了父親的忠告，他立刻向瑞典政府申請專利權。

「雷管？什麼是雷管？」專利局的官員問他。

「是一種完全密封的管子，裡面裝的是火藥。」諾貝爾鎮定的回答。

「它有什麼特性？」專利局內有關的工作人員再問。

「因為管子是密封的，裡面

＊雷管 火藥可以安全引爆但威力較小，諾貝爾利用火藥的特性，製造了一個密封的火藥管，利用火藥管的爆炸，而安全的引發硝化甘油更加強烈的完全爆炸，直到今天，雷管仍然被用來引爆炸藥，這可以說是諾貝爾在爆炸領域內最偉大的成就。

裝的是可以安全引爆的火藥，所以它的特性是可以在需要引爆時才安全的引爆。」諾貝爾不慌不忙的回答。

「是用來做什麼的呢?」他們再問。

「用來完全引爆性質比較不穩定，或是不能安全引爆、但是爆炸威力強大的爆炸物!」諾貝爾平常雖然沉默寡言，但是在重要的時刻，他總會不厭其詳的解釋，以期說服他想說服的人。

「你得示範給我們看一下，我們才能批准你的專利權喔。」負責批准的官員對他這樣說。

「當然，這是你們的職責所在嘛!」諾貝爾胸有成竹的回答。

諾貝爾將一支栓緊密封的雷管，置放在硝化甘油中，藉著雷管的爆炸來安全的引發硝化甘油更強烈的完全爆炸。

「好極啦!好極啦!果然比

以前安全得多，真是「太聰明了！」看完了示範，專利局的官員一致喝采。

諾貝爾用果敢的行動，取得成功的果實。1863年10月，諾貝爾不但取得用硝化甘油作為工業爆炸劑的首項專利，也獲得雷管引爆的專利。

雷管引爆的技術問世以後，所有的強烈炸藥都可以安全引爆，各種工程都可以比較放心的使用炸藥，因此加速了當時的各種建設，將人類科技文明推進到一個嶄新的時代！

「這項發明，對我們公司開採礦產，太有用了！」瑞典及德國的採礦公司很快就對諾貝爾的新發明產生興趣，因為他們一直對於強力爆炸物有著殷切的需求。當然啦，跟用人力揮動鐵鏟挖礦來比，這真是技術上一個天大的躍進啊！

最初，諾貝爾只能將工廠設在海倫坡他父親搖搖欲傾的陋棚之內，成功之後，他的工廠散布於世界二十幾個國家。

失敗為成功之母，天下哪有不勞而獲、輕易得到的勝利呢？

一般來說，在成功之前，發生一些事故、挫折，以及不被理解，都是不可避免的，能否突破困境，就要看個人如何面對打擊了！

1864 年 9 月 3 日，諾貝爾在海倫坡新建的硝化甘油工廠發生爆炸事件，不僅工廠全毀，諾貝爾的弟弟埃米爾以及其他四名工人都不幸身亡。之後，世界各地的倉庫、工廠也不斷傳來可怕的爆炸事故，這使得整個社會在很長一段時間裡，一直被恐怖的陰影所籠罩。

年老的茵曼紐受到這樣的打擊，身體及心理從此一蹶不振。

年輕的諾貝爾也是傷心欲絕，不過，他化悲傷為力量，更加努力的改進硝化甘油的安全性，夜以繼日埋首向他設定的目標前進。

「我把工廠設立在沒拉倫湖上的一艘平底船上面，那裡人煙稀少，就是再有意外發生，也不至於再傷害人命，這樣應該比較安全了罷。」諾貝爾認為。

「我若能把液體的硝化甘油變成固體，不但能提高它的爆炸威力，增加安全度，並且更加容易搬運。」實事求是的諾貝爾這樣構想著。

1864 年 11 月 28 日，一位名叫斯密特的瑞典富翁，與諾貝爾合夥開設了第一家製造硝化甘油的工廠。 1865 年初，諾貝爾取得官方正式設廠的許可，排除萬難之後，在人煙稀少的溫特維根設廠。這家工廠的股東是斯密特、諾貝爾父子、一位軍事工程師以

及商人卡·溫尼斯，公司的經營權也屬於股東共有，諾貝爾並允許生產硝化甘油的專利權屬於該公司。

不過，此後當他獨當一面，單獨用自己的資本再開設別的公司時，就一定確保自己一人大權在握，正因為如此，他除了做實驗之外，還得兼顧企業管理，因而忙上加忙，非得格外努力，才能更加成功。

雖然最初的生產是在非常原始簡陋的情況下進行的，一部分在陋棚內，一部分露天。後來事實證明，在溫特維根建設的工廠背山面水，萬一發生意外，高山會擋住危險，在水邊則有建設碼頭的潛力，實在是明智的選擇。

1865 年，諾貝爾又改良了雷管引爆技術，並在德國設立公司。

當時，工業界對炸藥的需

求，格外殷切；無數的煤礦及油礦也急待開採。所以，「炸藥，我們需要爆炸力強的炸藥！」這種呼聲極高。

為了應付各國蜂擁而至的大量訂單，諾貝爾不像別的發明家那樣，只賣出專利權就滿足了，因為他精通多國語言，對世界各國的國情十分通曉。

「目前肥皂工業已經相當發達，甘油乃是肥皂工業的副產品，價格非常低廉，製造硝化甘油本輕利厚，還是我自己幹吧！」諾貝爾看事情看得很透澈，就在歐洲、美洲都成立了新公司。

此時，新大陸美國正在大興土木，建造「太平洋聯合鐵路」以及「太平洋中央鐵路」，像「炸藥，我們需要運輸起來比較安全的炸藥！」這種呼聲也是愈來愈高。

「可惜，這種爆炸油仍然不

夠安全。」諾貝爾知道得很清楚。

「硝化甘油雖然已經能夠安全起爆，但是，它不耐搖晃撞擊、對溫度變化敏感，這種不穩定的特性，讓搬運和儲存都成為大問題！」諾貝爾不論吃飯、走路，整天都在想著這個難題。

「要怎麼樣才能達到不減少爆炸威力，又能夠提高安全度呢？」這個問題他已經對自己問過千萬遍，甚至連睡覺都在推敲這件事情。

經過無數次的改良，改良後立刻登記專利。最後一次改良，他決定用矽藻土多孔的特性吸附硝化甘油。

「哈，哈，這就是了！」諾貝爾心裡高興得快要發狂了！其實，他在舉止上經常出現一些讓人吃驚的行徑，大家早就以為他已經發狂了，不過因為諾貝爾早已習慣了孤獨，不太注意別人的

反應，也就沒有放在心上。

「太好了，太好了，這就是我所要的成品！」他臉上雖然不動聲色，但心中卻大聲狂呼，這個發明太讓他興奮了！

「我的寶貝應該叫一個什麼好聽又引人注意的名字呢？」諾貝爾喜不自勝的思索著。

「讓我們給它一個特別響亮的名字，叫做『黃色炸藥』，或者叫做『諾貝爾的安全炸藥』吧！」他決定使用「炸藥」*這個名稱，這是他最聞名於世的一項發明，成為後世化學炸藥工業的基礎。

1867 年後，諾貝爾在德國、

放大鏡

＊炸藥　亦即黃色炸藥，或稱為矽藻土炸藥，英文 dynamite，是由希臘文「力量」這個字來的。矽藻土是一種自然的藻土，可以在自然界大量獲得，重量也較輕，性質比較穩定，燒煉後可以吸收硝化甘油，變成一種容易處理的固體塑膠爆炸物。因為它舉世聞名，後人幾乎把「炸藥」這個名字，變成了用硝化甘油為主要成分的一百多種強力爆炸物的統稱。

瑞典、美國等國都申請到專利權。諾貝爾的炸藥王國，已經鞏固，個人財產也急速累積。

1871 年，法國巴黎可以算是當時歐洲文化的中心，市容美麗，人文薈萃，於是，諾貝爾決定定居巴黎。

「你是『歐洲最富有的流浪漢』！」法國大作家雨果曾經這樣稱呼他，因為他經常需要出國工作。

「像許多真正的流浪漢一樣，孤獨是我一生的主要伴侶！」諾貝爾一點也不否認，他很少與人交談，沒有結婚，當然也沒有子女，大部分的時間和精力都消耗在做實驗，以及奔波在實驗室、工廠與公司之間，幾乎沒有什麼個人的時間。

儘管固體炸藥的發明，提高了炸藥的安全性，也使它更加容易搬運。但是，所有的採礦者、

土木工程業者、鐵路建築業者，仍然一致的向他一再要求：「諾貝爾先生，您能不能再發明更猛烈的炸藥呢？」

諾貝爾向他們點點頭，他的心中十分瞭解，開高山採巨礦，威力小的炸藥是不夠的。

「矽藻土只要稍受擠壓或受溼度影響，硝化甘油就會從矽藻土中滲出，造成損失。」人們把現有炸藥的缺點告訴他。

諾貝爾向他們點點頭，對於這些缺失，聰明的他，當然比別人更加理解。

此時，正是各國急欲開發蘇伊士運河＊的年代，「炸藥，我們需要不怕潮溼，可以在水中爆炸的炸藥！」這種呼聲更是高昂無比。1875 年，經過了無數次實驗，諾貝爾終於成功的改良了矽藻土炸藥。

「哈，哈，哈！太好了，太

好了！」他雖然不愛說話，心中卻十二萬分的激動。

改良後的矽藻土炸藥，是一種類似果凍的膠質合成物，在運輸或使用的安全性上與矽藻土炸藥不相上下，但是威力更強，而且不怕潮溼，在水中依然可以使用，對於建築港灣、闢建碼頭等水底工程尤為便利，他把這種炸藥叫做「明膠炸藥」 * 。

1876 年，諾貝爾在法國取得明膠炸藥的專利權。1878 年，他堂堂推出明膠炸藥，這是諾貝爾

放大鏡

＊**蘇伊士運河** 位於埃及境內，在建造蘇伊士運河之前，歐、亞、非之間的海路交通，非得繞道非洲西南端的好望角不可，但自從有溝通紅海與地中海的國際航道蘇伊士運河之後，大西洋、地中海與印度洋之間就聯結了起來，蘇伊士運河的開通，大大的縮短了東西方的海上航程。

＊**明膠炸藥** 1845 年，發現臭氧的瑞典科學家薛賓發現棉質纖維用硝酸、硫酸混合液浸過之後，具有強烈的爆燃性，因而發明了硝酸纖維素。諾貝爾經過各種實驗，發現百分之七的硝酸纖維素與百分之九十三的硝化甘油成品，不但威力遠大於黃色炸藥，而且安全性最高，可塑性也很高，這種呈果凍膠狀的炸藥，便是明膠炸藥。

第三項重要發明。

在這同時，他又加入了他兩位哥哥在俄國巴庫的「諾貝爾兄弟石油公司」，成為三兄弟中最大的股東，這時的諾貝爾，已經「富可敵國」了！

「明膠炸藥，煙火太大了，有沒有改進的空間呢？」仍然有人向他繼續要求。

「一定有辦法改進，使它變成無煙！」聰明的他，心中仍然不停的思索，只要靈感一來，他就努力的埋頭做實驗，不停的工作。

經過無數次的失敗與嘗試，諾貝爾於 1887 年發明了「無煙炸藥」。

「這種炸藥比明膠炸藥更好！」他向法國專利局的官員解釋。

「是什麼樣的成份呢？」專利局的官員追問。

「是用等量的硝化甘油與硝酸纖維素，加百分之十的樟腦製成。」他不慌不忙的分析。

「怎麼個好法呢？」這些人不相信。

「它的優點是爆炸後沒有殘渣，而且幾近於無煙。」諾貝爾胸有成竹的回答。

「做什麼用的？」專利局的官員還在推託。

「是為了大炮、魚雷等軍事設備需求而發明的。」

「我們法國科學家在 1884 年的時候，早就發明了這種火藥。」法國人拒絕發給諾貝爾專利權。

「既然法國拒絕，那我把專利權賣給義大利好了。」諾貝爾心裡這樣想著，走出了法國專利局。

當法國政府得知他把專利權賣給義大利政府後，大為光火，不僅誣指他為產業間諜、竊盜專

利，同時還沒收他的實驗設備。因此，諾貝爾離開了他居住了十八年、形同故鄉的法國。

1891 年，諾貝爾移居義大利沿地中海岸，靠近法國邊境的聖列模。那裡，藍天白雲，風光旖旎，由海面吹來的和風，吹拂著他的別墅，也吹拂著四周搖曳的椰樹，在此地，諾貝爾度過了他人生最後五年的時光。

1896 年，諾貝爾系列的公司已經分布於瑞典、挪威、德國、奧國、法國、英國、美國、南非等二十個國家，工廠有九十三家。

諾貝爾每天工作，不大與人聊天，假設你有機會問他，除了炸藥之外，還有什麼其他的發明？假若他願意回答的話，他一定會安安靜靜，從容不迫的告訴你：「多著呢！」不用提別的，就拿由諾貝爾構思、後人成功製成的

人造橡膠、絲綢、皮革來說，諾貝爾就功不可沒了！

　　原本非常昂貴的原料，因為人類可以大量製造而變得價廉物美；現代的人造寶石，幾乎可以亂真，但價格卻比天然寶石便宜太多了！另外，人造皮革的質感、保暖度也幾乎可以跟真的皮革差不多，但卻不必殺害動物來取其皮毛，這是多麼合於人道主義＊的事情啊！而有了人造絲綢，像孵種、採桑、養蠶、繰絲等等繁雜耗時的工作都不必要了，人人都買得起人造絲的製品！

　　你說諾貝爾是不是天才？有靈感、能夠想出這麼多聰明辦法

放大鏡

　　＊人道主義　一種以尊重人類價值為核心信念，謀求全體人類安寧幸福為理想的主義。重視博愛精神，主張超越宗教、種族、國家等差異，承認人人平等，並以伸張正義、維護人權、同情弱小、救濟貧困、反對政治迫害為其主要內容。

的人，當然是天才，但天才靈感的證實，仍然需要經過不斷的研究，再加上數不清的實驗與改進，才能得到最後的成功。

諾貝爾一生的發明實在太多了，一共獲得了三百多項的專利權。三百多項！我們用手指一個一個的算，也要數很久吧！何況這每一個專利都是諾貝爾嘔心瀝血的結晶。

對諾貝爾來說，沒有一項發明是不勞而獲的，天才大膽的假設，同時也還要加上很多小心求證的努力，才能等於成功。

5 動人的手足之情

　　諾貝爾出生時身體不好，因而得到母親安德麗對他特別細心的照顧，四歲時父親茵曼紐就離家謀生，哥哥們也因此對他十分友愛，他上學或回家的時候，媽媽若沒有辦法親自去接送，兩個哥哥就會陪著他，絕對不允許別的小孩來欺負他。

　　諾貝爾九歲時，母親就帶著三兄弟由家鄉瑞典搬到俄國與父親團聚。在俄國，他們是由瑞典來的外國人，所以一家人非常親近團結，兄弟情誼特別濃厚。

　　1843 年，諾貝爾的弟弟埃米爾出世，這小傢伙身體健康，哭聲洪亮，家中變得更加熱鬧。

　　「媽媽，我們的小弟弟埃米爾太可愛了，好像洋娃娃一樣。」大哥羅勃特看見安德麗手中抱著

最小的弟弟，非常高興的跑過來張望。

「埃米爾比阿佛雷小十歲，比我小十二歲，比大哥小十四歲。」二哥陸德維扳著指頭計算，他從小對數字、帳目就很清楚。

諾貝爾睜大了眼睛，也很希望能抱一下全家最寵愛的小寶貝。

「初生的嬰兒骨頭太軟，等他長大一些，比較結實些的時候，每個人都有抱小寶貝的機會。」安德麗餵飽了小埃米爾，一面將他放進搖籃中，一面很慈愛的說。那時候，他們全家已經衣足食飽，日子過得很不錯了。

小埃米爾是全家的寶貝，諾貝爾最高興了，有了小弟弟，他也升格做哥哥了，所以他對小弟弟埃米爾更是寵愛。

1850 年，十七歲的諾貝爾準備動身出國學習科學。

「媽媽這幾天，都在忙些什麼呢？」小弟弟埃米爾才七歲，對很多事都不太懂，特地跑過來，好奇的問安德麗。

「媽媽在忙著整理小哥哥阿佛雷的行李。」安德麗回答。

「整理小哥哥的行李？」埃米爾繼續問。

「讀萬卷書，行萬里路。你小哥哥要出門旅行和學習，增加更多的知識和能力。」安德麗一面忙著打理，一面很慈愛的回答。她雖然很欣慰三兒子諾貝爾有機會出國增長見識，但也非常不放心他一個人遠行，畢竟，他才十七歲啊！

「我好羨慕小哥哥能夠出國喔。」小埃米爾告訴媽媽。

「我出國以後，一定會把所有有趣的事，一點不漏的告訴你。」諾貝爾小聲的向小弟保證，其實他心裡更是興奮。

「阿佛雷，不要忘了，你是出國去遊學及進修，不是去度假的啊。」爸爸茵曼紐在一旁提醒他。

「那我一定把學來的本事，除了幫助爸爸及哥哥們之外，一定也全盤教給小弟弟埃米爾。」諾貝爾很誠懇的回答道。

「好極了，將來小弟弟埃米爾長大以後，就在哥哥們的工廠裡工作吧。」安德麗很高興的告訴埃米爾。看見他們兄弟之間相親相愛，做母親的覺得特別欣慰。

諾貝爾先在巴黎研究化學，後來又到美國學習機械的技術。

1852 年，諾貝爾回到聖彼得堡，與大哥羅勃特、二哥陸德維，共同協助父親工廠的研究開發工作。

1856 年，俄國在克里米亞戰爭中戰敗了。戰後，茵曼紐帶著安德麗及小兒子埃米爾回到家鄉

瑞典。

　　諾貝爾家年紀較大的三位兄弟則繼續留在俄國，一齊同心努力，並肩打拚。

　　1863 年，經由諾貝爾專心的研究，硝化甘油已變成一種可以引爆的爆炸油。當時，肥皂工業已經相當發達，甘油是肥皂業的副產品，成本不高，因為瑞典及德國的採礦公司對此十分有興趣，諾貝爾就回到瑞典，與父親共同設廠。他們在海倫坡新建了一座簡陋的廠棚來製造硝化甘油，並細心訓練埃米爾如何處理它。

　　埃米爾受了諾貝爾的細心訓練，心裡非常高興和驕傲，他終於可以真正的在哥哥的工廠裡工作了！

　　可惜，天不從人願，一件不幸的事件發生了。

　　1864 年 9 月 3 日，埃米爾與

其他幾個人正在廠棚內工作，諾貝爾因為已經正式訓練過埃米爾如何準備硝化甘油，所以很放心的讓他獨自工作。

「砰！」忽然，人們聽見一聲爆炸的巨響，然後看見黃色的火焰在空中竄起，後來由一陣陣的濃煙所取代，整座工廠頃刻之間化為灰燼。報紙還報導人體被炸藥殘毀的慘狀。

這次不幸的意外一共炸死了五個人，諾貝爾最最親愛的弟弟埃米爾就是其中之一！

這件意外實在太可怕了，諾貝爾一家人都深陷在悲慘之中，他們不但內心傷痛，還被輿論指責，更得到法庭去辯解。雖然茵曼紐並未真正受到法律制裁，但私下裡，他的身心兩方面，再也不曾由這場大災難中恢復過來。此後數年之內，他一直被接二連三的腦充血、癱瘓等疾病所襲

擊。

「爸爸媽媽，我們小的時候，你們那麼慈祥的愛護我們，養活我們，給我們受良好的教育，拉拔我們成長，現在，我們三兄弟都已長大成人，應該輪到我們來孝順你們了。」父親不能工作以後，有管理專長的二哥陸德維，那時已經是三十三歲年輕有為的企業家，他一面盡力重組父親留下來的企業，一面聯合三兄弟的力量，想盡辦法撥出一份退休金，用來照顧年老的父母。

諾貝爾對於小弟埃米爾的不幸事件，雖然與他父親一樣的悲傷，不過，年輕的諾貝爾才三十一歲，他不願被愁苦打倒，決定化傷痛為力量，更加奮勇的繼續向前，在意外發生的第二天，就再度回到實驗室，埋頭於改進硝化甘油的實驗。

這次悲慘的事件，使諾貝爾

兄弟們學會了如何面對傷痛、憂慮、缺乏金錢、法律訴訟，以及難犯的眾怒等不同的問題。

後來，諾貝爾終於成功的發明了比較安全的固體炸藥。

「親愛的埃米爾，你在天之靈可以安息了！」諾貝爾心中默默的訴說著，同時悲傷的嘆了一口氣。

三兄弟中，諾貝爾繼承了父親茵曼紐的發明天才，因為製造的炸藥供不應求，事業蒸蒸日上，而成為巨富。大哥羅勃特是一位傑出的化學家。二哥陸德維對機械工程也有他自己的一套，當時在俄國成立了一座小型槍械製造工廠，專門製造槍械。

在 1776 年美國獨立戰爭以及 1789 年法國大革命時，用的都是比較原始的武器，後來美國內戰＊的時候，已經開始採用比較先進的步槍。19 世紀中葉，俄國

派了兩位專家到美國去考察，與美國合作製造新式武器，並決定要由陸德維的工廠負責製造這種新式槍械。

「大哥，好消息，我們工廠得到了一份大訂單，要我們生產二十萬枝來福槍。」陸德維非常高興的告訴他的大哥羅勃特，在那一段時間內，兄弟倆名義上雖是合夥人，但實際上羅勃特只是在陸德維的小型槍械工廠裡幫忙。

「太好啦！」有這麼一大筆好生意，羅勃特當然也特別高興。

只是，兄弟倆的高興沒能維持多久。

「大哥，不好了，我們的訂

放大鏡

＊**美國內戰** 即南北戰爭。19 世紀時，美國南方以棉花為主要經濟來源，需要大量勞力；北方則以工業為主，反對蓄奴，南北因經濟結構的差異，而對黑奴有不同的主張。1861 年，美國總統林肯下令釋放黑奴，南部諸州不服，於是退出聯邦，自組美利堅邦聯，美國南北因此分裂，發生內戰。1865 年，南方投降，美國終告統一。

單最近增加到四十五萬枝啦！」看著這麼大一筆訂單，陸德維開始緊張了起來。

「照理來說，人家訂的貨物愈多，生意愈大，利潤就愈高，所以訂單的數目，應該是多多益善的呀，我們努力照數製造不就行了嗎？」羅勃特反問。

「訂單太多了，原料的供給趕不上生產的需求，那就反而不妙啦！」陸德維回答。

「怎麼會呢？」羅勃特不解的問。

「現在，我們就面臨了原料問題，槍托是木製的，四十五萬枝槍托的原料從哪裡來呢？」陸德維十分煩惱，苦著臉回答。

最後，只得請大哥羅勃特辛苦一下，到俄國的高加索親自去走一趟，因為那裡出產的核桃木可以做出最好的槍托。

無巧不成書，身為化學家的

羅勃特到了高加索並沒有找到做槍托的好木料，卻買了一塊油田，對那裡的石油非常有興趣，回來就要改行開發巴庫的石油。陸德維雖然對石油一無所知，但基於對親愛的大哥的手足之情，在 1875 年，寫了一封信給在法國的三弟諾貝爾。信內大意是這樣寫的：「親愛的阿佛雷，請你務必來一趟俄國巴庫，我們除了想借重你的化學知識之外，也想請你這位發了大財的三弟用經濟上的力量，與我一同幫助大哥，使他能有自己的事業和前途，完成他的夢想。愛你的二哥陸德維。」

這封信，是二哥陸德維寫給諾貝爾的第一封信。當時陸德維對巴庫的石油並不了解，加以自己也只是一個機械工廠的老闆而已，不過既然大哥如此著迷，那就請財產多、知識高的弟弟一同幫幫大哥立足吧。

一百多年前，交通還不如現代發達，諾貝爾由巴黎向東，渡過萊茵河，沿著山嶺抵達羅馬尼亞的首都布加勒斯特，再向著黑海而行，最後乘坐一艘小型的蒸汽船，經過長途跋涉，終於就要抵達高加索的巴庫了！他已經迫不及待的想和久違的手足相見了。

諾貝爾站在船頭，老遠就望見有兩個人站在岸上等他，向他興奮的招手，等船再駛近一點，果然不錯，這兩人就是他親愛的大哥羅勃特和二哥陸德維。諾貝爾的心愈跳愈快，久別重逢的三兄弟，每個人都高興極了。

到底是企業家庭的兄弟，諾貝爾一到，他們就開始談正事了。果然，他們發現巴庫的石油，經過大哥的精心提煉，成分出乎意料的好。兩年以後，富有的諾貝爾加入了巴庫的石油生

產，巴庫的石油企業，立刻如虎添翼一般快速發展，兄弟三人分工合作，同心協力，建立了輝煌顯赫的巴庫石油王國。

「大哥，你住在俄國巴庫，還發明了一套石油精煉法，就專管技術方面的事情吧，你說這樣可好?」兩位弟弟同時這樣建議，大哥羅勃特當然非常高興。

「三弟，你住在遙遠的巴黎，負責經濟支持及做我們的顧問，怎麼樣?」二哥陸德維問。諾貝爾欣然同意。

「我住在聖彼得堡市，既然身為董事會主席，那就由我來主持商業方面的業務吧。」企業管理高手二哥陸德維自告奮勇。

從此，綜合三位兄弟的力量，諾貝爾兄弟們，以三弟龐大的經濟支援為後盾，大哥羅勃特努力改進了石油的探勘、採掘等等技術，二哥陸德維解決了運

輸、精煉及貿易等等問題，使巴庫在數年間，由一個荒僻的小鎮迅速發展成繁榮的工業都市。

陸德維更是一位有遠見的企業家，他對化工廠的員工待遇特別關心，不停的改進工廠員工的福利制度。工人們有意外時，可以依靠工廠供給的保險；工廠生意好時，可以分得紅利。平常呢，全家有工廠的宿舍可住，孩子們有工廠的學校可進，工人們還有什麼可要求的呢？

「嘿，我們明天要鬧罷工，你們願不願意參加？」別的工廠的工人們想鬧事，向諾貝爾兄弟工廠的員工鼓吹參加罷工。

「能夠有諾貝爾兄弟做我們的老闆，我們覺得十分幸運，我們要努力工作多賺工資，不願把寶貴的時間用來罷工。」諾貝爾兄弟對員工的照顧，使員工們心存感激，改變了傳統勞資對立的關

係，他們的石油廠已經具有現代企業管理的理念了。

在他們三兄弟的苦心經營下，巴庫成為俄國最大的石油產地，陸德維並且被稱為「俄國石油產業之父」。

諾貝爾兄弟手足們共同創業成功的故事，是多麼的溫馨動人啊！

6 放下武器

　　19世紀中葉，歐洲社會階級森嚴，貴族與平民之間，不允許有什麼往來，當然更談不到婚嫁。但偏偏有兩位身為貴族的年輕人，同時陷入情網，一位是姓金斯基的奧地利伯爵家的兒子，另一位是他的遠房表弟佛瑞琦。金斯基愛上了一位上校家年輕漂亮的姑娘，不顧家庭地位懸殊，娶她為妻。佛瑞琦戀愛的對象則是一位平民家的年輕寡婦，因為不敢面對現實，所以終身未娶。

　　在封建時代，來自不同階級而結合的夫妻，深深受到社會、家庭以及輿論的歧視，往往使他們的日常生活，變得十分艱辛。但外界的壓力，卻也可能使這些夫妻更加珍惜在一起的時日。

　　年輕的金斯基新婚以後，小

俩口倒也十分恩愛甜蜜。可惜天不作美，金斯基不久就不幸過世了，再不久，漂亮的未亡人便生了一位更加標緻可人的遺腹女兒，取名為貝莎・金斯基。

「讓我來做可愛小貝莎的監護人罷。」佛瑞琦送給小寶寶貝莎的禮物，是一個價值不菲的鑽石十字架，他對於已經逝世的表哥，一直是十分佩服的。

「我希望她長大以後，成為一位推動世界和平的天使。」世界和平是佛瑞琦的政治理想，他鼓勵他亡故表哥的獨生女兒多讀書，修養身心，所以貝莎除了有貴族血統之外，還接受了極好的教育。成長後的貝莎姑娘，有著高貴的風度與非凡的氣質。

「小貝莎的父親是位皇親國戚，他留下來的女兒，理應是金枝玉葉啊。」看著自己聰明美麗的女兒，年輕的金斯基夫人非常驕

傲的宣布。

「我的這位外甥女，有著沉魚落雁之容，閉月羞花之貌，將來只有公侯王子才能配得上她。」貝莎的阿姨，是一位內心充滿了幻想的女子，她時常在心裡這麼想著。

貝莎的阿姨及母親帶著她，整天除了待在豪華的旅社及大型的賭場內碰運氣以外，其餘的時間，就用來為年輕的貝莎編織夢幻的未來，所以不論手頭是否拮据，卻一定要盡可能的給小貝莎最好的才藝訓練。

可愛的貝莎姑娘，在三位親人的寵愛與呵護之下，出落得一天比一天更美麗動人，儀態萬千。

因為父親是貴族，而貝莎本身又是一位秀外慧中的姑娘，所以她的母親與阿姨忘記了貝莎既沒有豐厚的嫁妝，也沒有權大位

尊貴的父兄，更沒有影響力舉足輕重的家族作為後盾，一心一意希望她能憑她自己的美貌及風度，嫁入豪門。沒想到，卻因此而一直蹉跎到貝莎三十歲。

在過三十歲生日時，貝莎心中真是百感交集，雖然鏡中的可人兒，依然年輕嬌麗，亭亭玉立，但在那個時代，三十歲尚未出嫁，算是十分晚了。

「現在，我要靠一己之力自力更生。」成熟的貝莎向母親和阿姨說。

「怎麼樣自力更生呢？賭博嗎？」阿姨無精打采的問，她已經將姐妹準備來養老的錢財，在賭場中輸得一乾二淨了。

「既然是金枝玉葉，總不能胡亂找個窮光蛋來隨便嫁了。」母親金斯基夫人也有氣無力的反駁，她們的經濟情況，已經越來越糟，現在幾乎山窮水盡了。

　　「看，這張報紙上有一則廣告，蘇特勒男爵家需要家庭教師來教他家的三位千金，我已經決定，要去應徵了。」貝莎堅定的宣布。

　　「這家只是個男爵啊！妳卻是伯爵兒子的千金哪……。」母親與阿姨雖然吃驚，因為家庭女教師的地位，只是比佣人高一些而已，但是，除了同意貝莎到男爵家擔任家庭女教師之外，她們現在還有什麼別的、更好的方法來謀生呢？

　　不用說啦，貝莎淵博的學識，從容的談吐，以及出眾的美貌，使她在眾多的應徵者中，像鶴立雞群般突出，因此，男爵夫人毫不遲疑的就錄用了她。

　　「希望妳們不但能由家庭教師那裡學到知識，而且也能學到老師的翩翩風度。」男爵夫人充滿了希望的對她的女兒們說。

　　面談之後的某一天，蘇特勒男爵家的三位小姑娘都換上新衣，梳好頭髮正襟危坐。

　　「哇，妳們今天真乖，一點也不吵。」她們二十三歲身材高大的大哥哥亞瑟‧蘇特勒走過來調侃他的三位妹妹。

　　「今天是我們的新女家庭教師上任的第一天，當然要給她一個好印象啦。」三位妹妹異口同聲的回答。

　　「哥哥，我們的家庭教師可漂亮呢！」妹妹們告訴哥哥。

　　「是嗎？我也聽見佣人們在議論紛紛哩。」英俊的亞瑟對妹妹微笑，他是一位好脾氣的青年。

　　「真的不騙你，她來應徵的時候，我們都見過。」妹妹們向他保證。

　　正在這時候，他們由窗口向外望去，只見他家馬車的車門打開了，一位像天仙下凡般美麗的

女郎由車上走了出來，這位姑娘不但長得漂亮，更重要的是她儀態萬千，風度迷人。

「歡迎，歡迎，歡迎我們的新老師！」三位女學生一齊奔了出去。

「歡迎金斯基小姐。」男爵夫人也迎上前去，歡迎新來的女老師。

未來的蘇特勒男爵亞瑟，第一次看見這位姑娘，眼睛馬上一亮，立刻被她的美麗所吸引。

就這樣，每次妹妹們做完功課，亞瑟就過去與貝莎談天。他發現貝莎除了迷人的外表之外，她的學識、見解，以及落落大方的風姿更是令他折服。而貝莎對這位涉世未深、溫文儒雅、才能傑出的英俊少年，也是十分傾心。

後來，在男爵家後花園的小徑上，在迷人的月光裡，在搖曳

的花影下，就有了這對年輕人成雙作對的儷影。

一開始是佣人們的閒言閒語，漸漸的，變成眾人聊天的話題，三年之後，這些風吹草動，終於也傳進了男爵夫人的耳朵裡。

亞瑟的母親聽了謠言，也覺得自己的兒子亞瑟變得日益快樂，渾身充滿了活力。再仔細加以觀察，發現年輕獨子的眼神永遠愛慕的跟著家庭女教師的美麗身影，而貝莎對自己的兒子也很愛護，她敏銳的感覺到愛苗已經在兩個年輕人之間滋長了。

有一天，她把貝莎請到自己的私人起居室裡，並且遣開了所有的佣人。

亞瑟的母親開宗明義的質問貝莎，是否愛上了自己的兒子。

貝莎嚇了一跳，眼淚撲簌簌的掉了下來。

「我們兩人是相愛了。」貝莎在哭泣中承認了兩人的感情，淚水流滿了她美麗的面頰，好像嬌嫩的梨花帶著露珠一般。

「妳是知道的，我家的亞瑟是一位男爵爵位繼承人，也是我們家財產的繼承人，他今年才二十六歲。前途未可限量。」男爵夫人對貝莎說。

貝莎除了哭泣之外，還能說什麼呢？

「他婚姻的對象，一定得是一位貴族閨秀。」亞瑟的母親冷冷的說。

「我的父親生前也是一位伯爵的兒子……。」貝莎一面哭，一面喃喃的申辯。公、侯、伯、子、男，按照尊卑的次序來排列的話，伯爵是在男爵之上的。

「伯爵的兒子？那妳怎麼會身無分文？嫁妝在哪裡呢？而且，我們也絕不允許我們的兒子

娶一個比他大七歲的家庭女教師！」男爵夫人斬釘截鐵的下了結論。

「亞瑟已經對我和他的爸爸指天發誓，不再與妳有任何瓜葛了。」男爵夫人面不改色的又追加了一句。

亞瑟母親的最後一句話，使得貝莎心灰意冷。

「既然如此，我就另外尋找工作吧。」貝莎只得沮喪的回答。

不久，亞瑟的母親就拿了一份維也納的報紙，把上面登著的一則廣告指給貝莎看。那則廣告上說：「一位富有、文化修養高的老先生徵求一位成熟而精通多種語言的女士擔任祕書兼管家。」

「好啦，這裡有紙有筆，妳馬上去應徵吧。」男爵夫人毫不留情的說。

貝莎在男爵夫人的催促之下，一面流著眼淚，一面寫下應

徵的信。

這位富有、文化修養高的老先生是誰呢？他就是諾貝爾。

1873 年，四十歲的諾貝爾已經成為一個富翁。他把家搬到他最喜愛的巴黎市，在瑪拉可夫巷五十三號，建造了一幢豪宅，裡面有一座玻璃牆及天花板蓋成的冬天花園、寬敞的正式餐廳、圖書館，當然，也少不了他心愛的實驗室。

諾貝爾豪華的新家非常適合一位有錢的主人，三四駿馬拖著的馬車、男僕、管家也很能襯托出主人的財富。諾貝爾此時已經擁有金錢可以購買到的各種東西。

「可是，我的內心非常孤獨啊！」他默默的向自己訴說。

諾貝爾的名氣及錢財雖能保證他被邀請進入上流社會的社交圈子，但在他接受邀請之後，卻

不能免除他在宴會上感到的孤獨、不快樂及不舒服。

所以，他一收到貝莎的應徵信，就立刻寫了回信，告訴她，他計畫在住所內，為他的女管家準備幾間房間供她居住、使用，而且薪水也遠比男爵家優厚。

「我幾乎整天待在家中，一天到晚工作。時間過得很慢，因為我覺得寂寞，我已經慣於不參加社交活動，也很少與人接觸。」他在信中這樣寫道。

兩人之間開始有了書信往來，除了討論催備關係之外，也談論了彼此內心裡對事對物的各種感受。

諾貝爾在信中告訴貝莎，他希望能:「發明一個有效的物質或機器，永遠使發動戰爭變成不可能的事。」

1876 年，在百花齊放，好鳥爭鳴的春天，諾貝爾乘了自己車

夫駕駛的馬車，親自到車站迎接貝莎。

貝莎的聰明、溫雅、文學興趣以及語言天賦，都完全合乎諾貝爾期待已久的伴侶條件。

那麼，貝莎對諾貝爾的印象呢？

貝莎也同樣吃驚，原來這位「老先生」才四十三歲，而且，「他雖不英俊，但也絕不醜陋，有點矮，有著黑色的鬍鬚，以及和善而憂鬱的藍眼睛。」*

由於為管家準備的房間尚未整修完成，而諾貝爾也必須出門洽公，所以他暫時將貝莎安置在當地的旅社中。從車站到旅社的途中，兩人就拋開雇主和員工的身分，而以平等的立場，討論起文學了。

他甚至朗讀自己少年時代寫的英文詩篇*給她聽。

後人在貝莎的日記中，發現

她記載著：「與他談論世界及人們，生命及藝術，目前的或永恆的問題，都是一種特殊的快樂。」在她寫給母親的信中，也提到：「由於我們互相有過不少書信的往返，所以我們之間一點也不覺得陌生。」

　　她也對溫文儒雅的諾貝爾有著極好的印象。

放大鏡

＊貝莎曾在家書中，對母親描述過諾貝爾，承認對未來東家的印象很好。

＊例如這首〈你說我是個謎〉，大意如下：

你說我是個謎，可能呵！
因為我們都是不可解釋的謎，
……
一些卑瑣的念頭，使我們入地，
一些高尚的思想，讓我們升天，
……
現在這顆心中，
有著熱戀深情，
人與人之間的團結，
就是更光明的宗教，
……

富有、已年屆中年的諾貝爾在一次精緻的午餐約會中，害羞的問起貝莎是否「心有所屬」。

貝莎的眼圈紅了起來，哽咽的回答使我們的發明家十分失望。她盡可能的溫柔的告訴諾貝爾，最近才被迫離開她的意中人，但心中仍然愛著她的情郎。

次日，諾貝爾因工作而離開巴黎。此時，貝莎接到一封亞瑟向她求婚的電報。

這封電報使她憶起兩人之間的情愫，尤其是臨別時兩人的「接吻被眼淚的鹹味所沾溼」的悲傷。

那時，亞瑟跪在貝莎的面前，吻著她的裙裾，向她訴說詩一般的傷感及愛慕:「舉世無雙的女士，有著女王一般慷慨的心腸的女士啊，我由靈魂的深處感謝妳，妳的愛情帶給我的快樂，將充滿我的一生……再見吧。」

覺得肉麻嗎？千萬不要笑啊，那時候，年輕人間流行的正是這樣溫柔纏綿的情話，不要忘記，那是一百多年前的古代。何況，自古以來，男女之間的情話可是完全走在時代流行的尖端，領路向前的喔！

一週以後，諾貝爾回到巴黎，而佳人已經離去。貝莎將佛瑞琦叔叔送她的昂貴鑽石十字架變賣了，將部分換得的現金用來支付旅館帳單，不願讓諾貝爾替她償付所欠的費用。

貝莎回到維也納，住在一家距蘇特勒家華廈不遠處的旅社內，匆匆寫了一張字條給亞瑟，兩人決定要終身廝守。1876年6月12日，他們祕密結婚，私奔到了俄國高加索首都茹地地，那邊不但謀生比較容易，而且也比較歡迎外國人。

在高加索，兩人以教授法

文、德文、鋼琴以及唱歌維持生計，他們都還年輕，貧窮的生活難不倒兩顆熾熱相愛的心。

那時德國由鐵血宰相俾斯麥＊當權，全國籠罩著一股好戰的氣氛；法國人正在高呼國家主義；英國殖民主義氣焰高張，歐洲大陸上遍地都有戰爭一觸即發的危險。所以，亞瑟開始替報紙寫社論，也替德國幽默雜誌畫卡通，貝莎根據當時的剪報，以及軍醫們對軍醫院內傷殘死亡的描述，寫了不少小說，其中的《放下武器》一書，使她舉世聞名。

放大鏡

＊**鐵血宰相俾斯麥** 1815～1898 年，勞恩堡公爵，為普魯士王國首相（1862～1890 年），德意志帝國第一任總理（1871～1890 年），曾接二連三的發動了與丹麥之間的德丹戰爭，與奧地利之間的普奧戰爭，以及與拿破崙三世之間的普法戰爭，在戰爭中又用外交戰略確保敵國孤立，以爭取勝利，通過這一系列的戰爭，成功的統一了德國，人稱鐵血宰相。

俾斯麥雖是一個保守的專制主義者，成功鎮壓了社會民主運動，但也通過立法，建立世界上最早的工人養老金、健康和醫療保險制度。

九年之後，貝莎的母親金斯基夫人逝世，亞瑟與貝莎夫婦倆回國掃墓，在他們看到亞瑟家的城堡時，亞瑟伸出他的雙臂，轉過身來對貝莎喊道：「歡迎回家，我的老婆！」

他們健康、成功的返回家鄉，亞瑟的父母蘇特勒男爵及男爵夫人喜出望外，對他們早已盡棄前嫌，張開雙臂，全心全意的歡迎離家十年的兒子與兒子深愛的媳婦。

貝莎與亞瑟終生相守，他們兩人之間的愛情故事，是多麼的美麗和溫馨啊！

1886 年，住在巴黎的諾貝爾收到貝莎的信，信中除了為十年前的不告而別道歉，並向他問候之外，還告訴他，他們夫婦倆已經回到維也納。諾貝爾立刻回了一封信，信中對《放下武器》這本書推崇備至，表示願意做他們

終生的好朋友。

當年輕的新蘇特勒男爵及男爵夫人到巴黎來拜訪諾貝爾的時候，正是巴黎最迷人的春天，那時節，全市的栗樹花怒放，咖啡館的桌椅羅列在路邊，有人悠閒的坐著品嚐咖啡，也有人不慌不忙的在人行道上踱步。

貝莎看著諾貝爾，他的藍眼睛仍然慈愛安詳，聲音仍然憂鬱溫文。

十年了！大家不由得輕輕的嘆息，漫長的十年中，三人都增加了不少人世的經驗！

他們三人之間，一直保持著真誠的友誼。

這時的貝莎，已經變成一位和平主義的運動家，她使諾貝爾注意到正在組織起來的國際反戰運動，從此，諾貝爾也越來越關心世界和平，主張人類和平相處，向和平組織提供了大量的捐

款，最後，他又將他的這些願望充分的反映在設立和平獎的遺囑中。

諾貝爾在 1893 年 1 月，寫給貝莎的一封信中提到，他計畫設立一個獎金，授予推動歐洲走向和平化最大一步的人，而且後來又提到不論是瑞典人或外國人，是男人或是女人，凡是人類，都應該一律平等，都有得獎的機會。

他是受了貝莎的影響嗎？當然有一些。不過，他若不是一位寬宏大量、心地坦蕩的紳士君子，說不定會受自私、嫉妒之心所驅使，而不願成為她的好朋友哩！由他們三人成了終身好友這件事來判斷，我們知道，諾貝爾已經選擇要做一個熱愛人類、為全世界的和平而盡力的人。

貝莎父母的愛情、以及貝莎與亞瑟之間的愛情，當然是兩代

美麗而溫馨的男女、夫妻之間的愛情故事，而諾貝爾與蘇特勒夫婦之間的感情，則是另一則美麗、溫馨、令人感動的故事。不是嗎？

7 選擇做好人

　　1888 年 4 月，法國巴黎某個實驗室內，有一個人，這幾天心情壞到了極點，因為他能幹、有魄力而且心地善良的二哥病危，轉到巴黎的醫院來搶救，經過百般努力，仍然不治身亡，所以他諸事無心，也無法動手做任何工作，只好找了一份當天的報紙來隨意閱覽。

　　「阿佛雷‧諾貝爾過世了！」報紙上斗大的標題映入眼簾。

　　「這個人是誰呢？我就是阿佛雷‧諾貝爾本人啊！我死掉了嗎？」他驚訝的伸出手摸摸臉，又捏捏大腿，明明沒有死掉嘛！

　　轉念一想，他恍然大悟：「寫這篇報導的記者把二哥陸德維和我搞混了，死的是我親愛的二哥，死亡的原因倒真的是心臟病

106

突發。」

　　他耐著性子繼續讀下去，「阿佛雷・諾貝爾，炸藥發明人，一個百萬富翁，也是一位與世人不相來往的遁世隱士過世了，享年五十七歲。死亡原因是心臟病突發。這位『死亡的商人』，專以發明、製造毀傷及殘殺方法來累積私有財富的壞人，他和他的各種發明，應該對千千萬萬逝去的生命負全部責任。」

　　這則報導的口氣極不友善，諾貝爾覺得非常的不解與傷心。失去親愛的二哥，這個幫助家計的好哥哥、事業上共同努力打拚的合夥人，已經使他夠傷心的了！為什麼外界還認定他是一個壞人？諾貝爾一向沉默寡言，努力工作，不大與外界來往，根本不知實驗室外面，世人對他的評價，現在，看了這報導，使他更覺沮喪。

　　「我實在想不出來自己做錯了什麼，為什麼要叫我『死亡的商人』？更憑什麼要我對千千萬萬逝去的生命負起全責？真令人不明白！」他獨自憂鬱的煩惱著。

　　「我只是一個發明家，專管發明。我不過是個用頭腦思考、埋頭研究、努力做實驗的人，這是我分內的事呀！我的目的是要改進產品，做有益人類的事。野心家把我辛辛苦苦發明出來的成品，用來打仗，用來害人，這可不是我的過失呀！我申請專利，把辛辛苦苦做出來的成果公布出來，免得被別人冒名將功勞得去而已，我這發明家並沒有去殺人呀！」他一個人孤獨的坐在實驗室裡，愈想愈傷心，愈想愈覺得不公平，本來就十二萬分悲傷的心，被絞得更加傷痛。

　　19世紀正是世界上各種工業迅速發展的時代，舉凡開礦、築

橋、挖隧道、開運河等等巨大的工程，沒有一樣不需要炸藥。

「我已經把硝化甘油，由最危險的液體狀態改進到運輸起來比較安全的固體炸藥，又把它改良成可以在造橋時用在水底的明膠炸藥，後來又……」他猛然想起來，無煙火藥的發明，讓硝化甘油用同樣速度在炮管中燃燒，利用燃燒的力量，將炮彈順利推出炮膛，這種火藥，不但大大的增加了大炮的射程，更使大炮變成命中率高、殺傷力大的武器，使炮兵變成戰場上的主要兵種，影響了日後的戰術、戰略思想……，想到這裡，他全身冒出冷汗。

「每一場戰役，要死傷多少人，摧毀多少財產呀！要建造一座工廠，從打地基、砌牆壁、蓋屋頂，需要耗費多少的工夫和錢財？種植一棵樹木，從施肥、澆

水、除蟲，到長成勢必得花十多年以上的努力；栽培一個人，由小到大，不管是吃飯、穿衣、讀書或是上學，更是不易。但是，只要大炮槍彈「轟」的一響，分秒之間，工廠可以夷為平地，森林內草木皆毀，而人更是立刻嗚呼哀哉！」

但是，這並不是諾貝爾當時發明火藥的目的啊！「我還天真的以為，有那麼一天，當人們瞭解到：兩支軍隊衝突起來，雙方都可以在分秒之內將對方消滅掉的時候，所有文明進步的國家，都會在戰爭面前退縮，解散他們的武裝軍隊。」

那些自私的野心家會關心別人嗎？

可惜他的這些想法，只是向他為數極少的好朋友們，例如貝莎、亞瑟，以及他偶爾光顧的高級酒店裡的點頭之交討論過，既

不曾站在肥皂箱*上大聲疾呼，也沒有在報章雜誌上對外公開宣布過，所以不但沒有阻止戰爭的效果，現在反而被戴上一頂「死亡商人」的帽子，要他這發明家來負起造成戰爭中死亡的責任！

「為什麼他們不想想，炸藥除了被野心家用在戰爭中，互相殺戮之外，其實，工業、交通、開礦、製造業等等，更是需要它，它的和平用途，實在太廣太大了！炸藥等於是人類向現代化文明邁進的鋪路磚，實在是比其他各式各樣的發明都重要得多呢！」

「除了炸藥外，我不是還有

放大鏡

*肥皂箱　英國倫敦的海德公園自 19 世紀末起，便成為英國人的集會場所，在公園的東北角有一處「講演者之角」，每個星期天任何人都可在這裡發表各種意見，除了不准攻擊王室和進行人身攻擊外，百無禁忌。由於演說者往往是搬了只肥皂箱當講臺，只要是站在箱子上發表言論，不管內容如何，都能享有言論免責權，不受處罰，因此人們稱之為「肥皂箱民主」。

其他三百多種的發明？不是每一項都有益於人類嗎？」諾貝爾覺得冤枉極了。

他說的完全不錯！早在諾貝爾二十三歲時，他就曾以改良的水壓計量器取得第一個專利，以後，非水液體計量器、晴雨計、硫酸蒸餾器、重油燈、汽車自動煞車器、蒸氣鍋、鑄鐵精煉法……等陸續出現在他的專利名單中。

其實，當他發明了明膠炸藥後，立刻意識到人造纖維工業有偉大的遠景，而開始進行人造皮、人造絲、人造橡皮等的合成製造。

我們暫且不說可憐的諾貝爾一個人孤單的坐在實驗室內，聰明的腦袋，幾乎要脹破的事情。

喜歡看小說、聽故事的小朋友，都知道法國大文豪查爾斯·狄更斯寫了一本著名的中篇小說

叫做《耶誕聖歌》吧？那篇故事裡，一個聖誕節的平安夜裡，有三個鬼魂來拜訪一個叫做斯庫魯基的吝嗇小氣鬼，把他的過去、現在和將來統統讓他親眼看過，斯庫魯基因而徹底覺悟，決定棄惡從善，改變自己的生命，盡力幫助那些比自己不幸的人。

可見為善為惡，完全在自己的一念之間。

諾貝爾已經是個五十五歲的人了，他覺得自己的生命已經快要到尾聲了，報紙上登出來的死亡報導，雖是一則錯誤的消息，卻讓諾貝爾瞭解到別人對他的過去及現在的看法，也讓他重新審視自己的一生，使他開始深思生命的價值了。

到底要遺臭萬年呢？還是要流芳千古？

他要如何做，才能改變將來的人們對他的看法呢？

　　咱們中國人說，在有生之年，做下面三件的一件或全部，就可以做一個讓千秋後世永遠紀念、尊敬、喜愛的人。那三件事是什麼呢？就是立言、立功和立德。

　　諾貝爾雖然不是中國人，也不認識中國字，可是古往今來，古聖先賢的大道理，都是差不多的。

　　所以我們現在，就用中國的哲學來把他的情況分析一下吧。

　　立言，就是說一些對後世有益處也很有大道理的話。要諾貝爾這個一輩子不善言辭、愛好孤獨的人，在體弱多病的風燭殘年之時，開始談些人生大道理，這一點，他是做不到了；要一個外號叫做「死亡商人」的人，在短期內去立功及立德，大概也不是那麼容易的事吧？

　　不過，聰明的他，最後果然

變成了千秋後世永遠紀念、尊敬、喜愛的人。

何以見得呢？

諾貝爾誕生地點為杜魯肯區的石造樓房的第二層，詳細地點為現在市區中心諾魯蘭路九號與十一號之間，那座石造樓房已於 1934 年拆除，改建成現代式樓房。改建後的樓房前面牆上刻有「發明家、文化促進者、和平之友阿佛雷‧諾貝爾， 1833 年 10 月 21 日誕生於此」。

嘿，叫他「和平之友」，這不是最簡單有力的證明嗎？

諾貝爾在他的遺囑裡，以他龐大的遺產成立諾貝爾基金，再將該基金每年的利息，作為獎金，授予前一年對人類有最大貢獻的人們，所謂的「最大貢獻」，包括促進世界和平。

身為一個聰明絕頂的發明家，諾貝爾終於在他憂鬱及遁世

的生命裡，想出了一個特別好的
辦法，這項發明，是他一生為世
界上的人類所遺留下的最偉大的
遺產 —— 諾貝爾獎。

　　諾貝爾是全人類的朋友，一
位愛好世界和平的大朋友。

8 一首美麗的詩篇

　　世界上美麗的詩篇，應該是用來歌頌人類之間的愛的詩篇。

　　諾貝爾的文才雖比不上偉大的文學家們，但他卻用他龐大的遺產，為世界寫下了一首美麗的詩篇。

　　咱們中國人用「富可敵國」這句話來形容一個人錢財很多，諾貝爾，有那麼多專利權，加上他擁有的各大公司遍布全世界，而這些公司都經營著本薄利厚的專利生意，錢財自然滾滾而來，在19世紀末期的歐洲，真正是一個特別有錢的富翁了。

　　有一次，他的一個年輕女傭要結婚了，他問她要什麼結婚禮物？這女傭漲紅了臉蛋兒，鼓起勇氣，含羞的回答：「要您諾貝爾先生一日的收入。」他被她的勇氣

所感動，就給了她一張四萬法郎的支票，等於美金十萬元，相當於新臺幣三百萬元左右！

「口袋內『麥克麥克』的富翁，一定受後世的尊敬和崇拜嗎？」

若你這樣問的話，我一定會非常肯定的告訴你：「不見得！」而且敢打包票說每個人都同意我這個回答。

「那為什麼距他逝世一百多年之後，他的名氣反而愈來愈大，人們對他愈來愈崇敬了呢？」

你若再問的話，下面是我的分析，看你同意不同意。

「時代創造英雄，英雄創造時代」用這句話來說明千古英雄偉人的功蹟，是十分合適的，用來說明諾貝爾在19世紀的功蹟也是可以的。

人類文明，自從瓦特＊改良蒸汽機，引起歐洲的工業革命以

後，科學家開始研究在人類實際生活上可以應用的科學，發明各種機器，以大規模生產取代手工業，因而19世紀，可以說是一個創造科學英雄的世紀。在這群星燦爛、人才輩出的時代，諾貝爾這顆彗星，是如何得以千古不朽、閃閃發光呢？

當然，諾貝爾生前的事業十分輝煌，他不但集發明家、科學家、企業家於一身，在語言文字上的造詣也相當不凡。

他最偉大的地方是，即使身在隨時都有可能爆發戰爭的歐洲大陸，他仍然在社會問題及和平問題上，堅持己見，與和平主義者保持友誼，對反戰組織進行資助。他的胸襟寬闊，對於人類的熱愛不分國籍，不分男女，死後

放大鏡

＊瓦特　1736～1819年，英國工程師及發明家，因改良蒸汽機而聞名於世，揭開近代工業革命的序幕。

又以全部財產獎勵推動世界進步與和平的人！

　　這位富有的仁人，除了生前許許多多偉大的發明外，最後還想到了一個辦法，以他對人類無比的愛心，在身後用他龐大的遺產，為世界寫下了一首美麗的詩篇，那就是留下了設立諾貝爾獎的遺囑。諾貝爾獎的設立，不但使他表明了自己喜愛人類、愛好和平的心跡，也讓他名垂千秋、備受尊崇，更使後世全人類受益無窮。

　　諾貝爾獎無疑是他一生最大的發明，隨著每一屆諾貝爾獎的頒發，這位天才人物生前的願望正逐步實現。世人將永遠不會忘記這個天才發明家，也將永遠追隨他為人類科學、文化與和平事業而努力的腳步。

9 諾貝爾獎

　　諾貝爾在 1895 年 11 月 12 日，寫下最後的一封遺書，也就是最終生效的遺書，仔細整理及分類處理之後，大概如下：

　　除了贈與給……，本人的遺產擬作如下之處理。遺囑執行人可將本人財產投資於有價證券以建立基金，將每年所得利息分為五份，贈與上一年度中對世界最有貢獻的人。獲獎項目為：

(一) 在物理上有重大發明或發現者。

(二) 在化學上有重要發現或改良者。

(三) 在醫學及生理學方面，有益於人群之發現者。

(四) 對文學思想有啟發和引導作用者。

(五) 調停各國間之糾紛，廢止或

縮小目前之軍備，並對和平會議的組織盡最大、最好的貢獻者。

最後一項，就是諾貝爾和平獎。至於受獎資格之裁定則由：

(一) 物理與化學方面，委託瑞典斯德哥爾摩的皇家科學院甄選。

(二) 醫學生理學方面委託瑞典斯德哥爾摩的安德麗研究所甄選。

(三) 文學方面委託斯德哥爾摩的瑞典文學院甄選。

(四) 和平獎則由挪威國會所選出的五人委員會負責決定。

並且特別申明：「受獎資格不因國籍、種族、膚色而有差別，凡合乎受獎標準者，一律有權獲獎。」

遺囑公開之後，沒有一個人不敬佩他的胸襟。

是啊！單只看候選人的資格

這一項，就可以看出諾貝爾有著多麼宏偉的情操，多麼廣闊的胸襟，在一百多年前，早就有了「男女平等」的先進觀念。諾貝爾雖然是瑞典人，但他並未將其遺澤局限於祖國瑞典，而將之普及於全世界。他一生奔走於歐美各國，工廠、公司散布各地，他一輩子讀萬卷書、行萬里路，他的視野廣闊，孕育了無比遠大的理想與抱負，他追求的乃是全人類的和平與幸福，「地球村」就是他的家鄉。

諾貝爾在 1896 年 12 月 10 日因心臟病＊逝世於義大利聖列模，享年六十三歲。

諾貝爾的遺囑執行人是他的年輕助手拉格納・索爾曼和青年

放大鏡

＊諾貝爾晚年需服食硝化甘油來治療心臟病。心臟疾病是諾貝爾家人的致命傷，父親因曼紐、大哥羅勃特、二哥陸德維都死於心臟疾病。

工程師魯道夫‧利奎斯。

當這位偉人的遺囑宣布之後，我們可以想像，這給兩位因失掉偉大導師而悲傷的年輕人多大的安慰，兩人互相握手，慶幸他倆居然能夠被諾貝爾如此重視，受到這麼重要的委託！

「我們一定要不負所託！」兩人下了決心。

然而，要嚴格執行諾貝爾的遺囑，他倆面臨著許多難題。

「什麼？他到底愛不愛國？」有人發出憤怒的喊聲。

「你，你憑什麼誣陷他不愛國？」助手索爾曼立刻反駁。

「他既然是瑞典人，應該只由瑞典人得獎！怎麼把遺澤讓外國人分享啊？」那人愈喊愈怒。

「先生的胸襟遠大，愛的是全世界的人類。再說，他的錢財是由世界各國賺來的呀！」反駁的人找到了一個好理由。

「他到底是不是瑞典人？怎麼可以把和平獎委請挪威國會審查呢？」因為挪威一直爭取獨立，瑞典與挪威的關係，到了19世紀末葉益形緊張，1905年，挪威終於脫離瑞典，正式獨立，使瑞典人感到不快。

「這個，大概諾貝爾先生是基於對聯盟國家的尊重吧？」利奎斯含含糊糊的回答。他是遺囑執行人，並不是遺囑解釋人，當然更不會也不能對遺囑有任何質疑呀！

「遺囑中某些獨特的規定和若干問題似乎真的有點不夠明確。」因為含糊之處，引起了很大的騷動，也招致疑惑和批評。

「我問你，諾貝爾要把他的遺產投資於證券，哪種證券？他要諾貝爾基金會成為遺產的繼承人，基金會在哪裡？」這些刁難的問題，問得似乎還有些道理呢。

「我們可以成立一個基金會。」諾貝爾的姪兒茵曼紐，二哥陸德維的長子，挺身而出，自告奮勇幫忙組織基金會，他不但能幹、有魄力，更不怕別人議論，因為他的財產比諾貝爾還多。

「諾貝爾先生的財產分布世界各國，每個國家的語言、法律、財政、稅負都不盡相同！處理起來，實在不容易啊。」

「這個，我也可以幫忙。」年輕聰明的茵曼紐也一口答應，因為他會七國語言，比叔叔的段數還要高呢！

有了姓諾貝爾的人出面來幫忙，遺囑執行起來當然就方便多啦！

有一天，索爾曼慌慌張張的跑來找利奎斯。

「利奎斯，不好了！」索爾曼跑得上氣不接下氣。

「唉，索爾曼，又有什麼事

情發生嗎？」利奎斯嘆了一口氣，麻煩還不夠多嗎？

「外面有個年輕的女人來攪局！」索爾曼也很煩惱。

「攪什麼呢？」利奎斯有氣無力的問。

「這女人說她叫蘇菲，自稱是諾貝爾先生的未亡人。」索爾曼告訴利奎斯。

「哼，諾貝爾先生終身未婚，這女人一定是個騙子！」利奎斯嗤之以鼻。

「她是個女騙子無疑，但她自稱擁有二百六十封諾貝爾先生親筆寫的信。」

最後，為了諾貝爾的名譽，兩人決定用錢把這些信買下來，當作祕密封鎖。

1955 年，替諾貝爾作傳記的人，把這些信件拆封閱讀，發現這些信件中寫的全是諾貝爾要蘇菲多讀書、多思考，不要被金

錢、奢侈及虛榮所矇蔽，所有的信件內容顯示了諾貝爾的仁慈及寬大的心胸，當作祕密來封鎖，真是小題大作了。

無論如何，茵曼紐與兩位遺囑執行人，最終還是克服了重重困難，使有關人士同意接受諾貝爾遺囑內的全部條款，於 1900 年成立「諾貝爾基金會」，作為「諾貝爾獎」的基金管理機構。

諾貝爾獎到現在已經有一百多年的歷史，一共有二十八個國家五百名左右的傑出人才獲得此項殊榮。為什麼說是五百名左右呢？因為有時和平獎是頒發給一個組織，而不是頒給個人，所以不能有確切的人數。

1905 年，貝莎・蘇特勒男爵夫人獲得諾貝爾和平獎，舉世公認，此獎非她莫屬。但是，像已經過世的巴勒斯坦總統阿拉法特，因為與以色列已故總理拉賓

在 1993 年 9 月簽署了「奧斯陸和平協定」，而獲得諾貝爾和平獎。然而，當阿拉法特在 2004 年 11 月 11 日過世的時候，有人就對他一生的功過深表質疑＊。

所以，「如何由世界上千千萬萬傑出人才中，遴選出一位最值得獲獎的人士，真是一個艱難辛苦的責任啊！」全世界的人一致同意，這是一件非常非常不容易的事情，一定要盡力使遴選過程公正。

評選獲獎人的工作，是在頒獎前一年的初秋就開始了。

放大鏡

＊阿拉法特（1929～2004 年）出身於耶路撒冷，19 歲起投身對抗以色列的戰爭。後籌劃「巴勒斯坦民族解放運動」。1989 年當選為巴勒斯坦的總統，一生為其祖國的前途與以色列抗爭。1993 年 9 月，與以色列總理拉賓簽定了「奧斯陸和平協議」，因而與拉賓以及以色列外長佩雷斯，共同獲得 1994 年的諾貝爾和平獎。事後，阿拉法特被巴勒斯坦解放組織強烈的譴責，拉賓總理後來被猶太極右分子暗殺。2002 年，三十輛以色列軍的坦克車開進阿拉法特的官邸，同年阿拉法特向世界宣布與以色列誓死戰鬥到底。

你說，他是和平愛好者嗎？

「請柬發出去了沒有？」先由頒獎單位發請柬給那些有能力提出候選人的單位。

「我們收到了請柬，應該忙起來了。」候選單位忙些什麼呢？因為候選人不得毛遂自薦，要由收到請柬的單位書面推薦。哪些人有資格推薦呢？給獎機構、各部門權威人士、某些大學、學院的教授，以及曾經榮獲諾貝爾獎的得獎者。

「一共送交多少人呢？」

世界各地共約推舉兩千名左右的候選人，經初步淘汰後，約有數百份名單正式送交評審會。

「如何決定真正的得獎人呢？」

專門調查會經長時間的調查與祕密會議，最後決定出真正的得獎人。

所以在頒獎前一個月左右，收到正式電報通知的人，應該盡

快準備護照與出席正式典禮及宴會的大禮服，帶著一顆雀躍的心與親朋好友的祝福，笑容滿面的趕到歐洲。除了和平獎在挪威首都奧斯陸頒發外，其他得獎者都是在瑞典首都斯德哥爾摩受獎。

「獲頒諾貝爾獎，除了是莫大的榮耀外，得獎人還可以獲得什麼呢？」

當然是大家都想要的好東西啦：一面 23K 金的金質獎章，直徑約二吋半，重約半磅，大約 0.227 公斤（真是不輕喔！）正面有諾貝爾側面半身浮雕，反面有代表各種獎項的美麗徽記，並鑄上年代及得獎人的名字。

另外是一張形式古色古香的榮譽獎狀，每份都經過特殊設計，載有得獎人的事蹟、功勞以及有關的圖案。

再來就是一筆為數不少的獎金，最初一百年前是約三萬一千

美元，後來每年增加，目前高達三十四萬美元，且得獎人的獎金，在其本國內，依例可以享受免扣所得稅的優待。

但是，也有一項義務，就是必須針對研究的項目，準備一篇演講稿，在頒獎會上發表＊。

放大鏡

＊關於諾貝爾獎的領獎過程，和平獎是在每年 12 月 10 日，下午一點，挪威國王及挪威國會的成員們親臨奧斯陸大學的禮堂，一位挪威的重要人物將和平獎頒給受獎者，或受獎組織的代表，當天晚上，挪威國王賜宴，受獎者第二天在大學的禮堂裡發表得獎演說。

至於其他獎項的領獎地點則是在斯德哥爾摩。頒獎當天下午四點鐘之前，有兩千多位穿著正式禮服的賓客，聚集在音樂廳的大堂內，四點半鐘，莊嚴的喇叭聲響起，然後，瑞典國王及王后在皇室的交響樂聲中領先出現，王子公主們跟在後面，諾貝爾獎的得獎者跟在皇室後面最後亮相。得獎者逐一走到瑞典國王面前站定，國王由座位上起身，與得獎者握手，頒給一枚金質獎章、皮質獎狀，以及如何領取獎金的備忘錄。禮堂內全部賓客每人都會收到一冊翻譯成各種文字的節目單。

宴會在瑞典斯德哥爾摩的市政府大廳內舉行，大家先向國王舉杯祝賀，然後祝賀並紀念全世界人敬愛的瑞典公民諾貝爾先生，瑞典重要人物演講完後，隨後是得獎人用本國語言演講。

宴會完畢之後，國王領著得獎者到藍廳的臺上，學生們高歌，舞會開始，直到午夜方散。

後 記

諾貝爾獎設立後，每年10月左右，全世界的人就開始議論紛紛了。

這是個大家最關心、最愛討論的話題，因為一旦得獎，立刻舉世聞名。得獎的人，不但得到一面紀念金牌，一張紀念獎狀，一筆為數不少的獎金，還能在廣播、報紙、電視等媒體上亮相，由瑞典國王親自頒獎，成為全世界的人鼓掌及羨慕的對象。

「今年的諾貝爾獎，你想誰會得到呢？」

「自從 1901 年 12 月 10 日，第一次頒發的諾貝爾獎，一共分為五個項目，物理學、化學、生理學或醫學、文學與和平， 1969 年起，瑞典銀行為了紀念該銀行成立三百週年，又增設了經濟學

獎，你問的是哪一項呢？」

「嘻嘻，我問的是我二哥最關心的文學獎。前幾個月，我二哥把他寫的新詩高聲朗誦給我聽過之後，他就把他的詩篇，用掛號郵寄到斯德哥爾摩的瑞典文學院，並且註明不願與任何人分享這筆獎金。」

「你想他會得到嗎？」

「當然，因為諾貝爾獎規定，不論國籍，不分男女，不得有任何歧視。」

有人可能如此回答。

那你呢？你認為他的二哥有沒有希望獲獎呢？

若你的回答是否定的，你就答對了，因為私人是不能毛遂自薦的。

1833 年	誕生於瑞典首都斯德哥爾摩。
1843 年	小弟埃米爾出生。
1850 年	到歐美各國學習科學，對硝化甘油產生興趣。
1852 年	遊學結束，回到俄國，至父親的工廠負責研發工作。
1853 年	克里米亞戰爭爆發。
1860 年	開始正式研究硝化甘油。
1863 年	取得以硝化甘油作為工業爆炸劑的首項專利及雷管專利權，並回到瑞典與父親共同設廠。
1864 年	位在海倫坡的硝化甘油工廠發生爆炸事件，弟弟埃米爾不幸喪生。

1867 年　取得黃色炸藥（即矽藻土炸藥）的專利權。

1875 年　成功改良矽藻土炸藥，取名為明膠炸藥。隔年在法國取得

　　　　專利權。

1876 年　與貝莎・金斯基首次見面，驚為天人。

1878 年　堂堂推出明膠炸藥。

1887 年　發明無煙炸藥。

1891 年　移居聖列模。

1895 年　寫下最後的遺書。

1896 年　逝世。

獻給孩子們的禮物

「世紀人物100」

訴說一百位中外人物的故事

是三民書局獻給孩子們最好的禮物！

◆ 不刻意美化、神化傳主，使「世紀人物」更易於親近。

◆ 嚴謹考證史實，傳遞最正確的資訊。

◆ 文字親切活潑，貼近孩子們的語言。

◆ 突破傳統的創作角度切入，讓孩子們認識不一樣的「世紀人物」。

近代領航人物

生命教育首選讀物

養成良好品格，激發無限潛力，打造下一個領航人物！

你可以像自由鬥士 曼德拉 一樣找到自己的理想嗎？

你能像世界知名設計師 可可・香奈兒 一樣隨時發揮創意嗎？

你想成為像搖滾巨星 約翰・藍儂 一樣的萬人迷嗎？

讀完他們的故事，你也做得到！

◆ 近代人物，引領未來航線
◆ 橫跨領域，視野真正全面
◆ 精采後記，聚焦全書要點
◆ 彩色印刷，吸睛兼顧護眼

全系列共二十冊
陸續出版

國家圖書館出版品預行編目資料

愛好和平的大朋友：諾貝爾 / 余國英著;卡圖工作室
繪.－－初版四刷.－－臺北市：三民，2014
　　面；　　公分.－－(兒童文學叢書／世紀人物100)

ISBN 978－957－14－4550－2　(平裝)

1.諾貝爾(Nobel, Alfred Bernhard, 1833－1896)－傳
記－通俗作品

784.758　　　　　　　　　　　　　　　95025556

© 愛好和平的大朋友：諾貝爾

著 作 人	余國英
主　　編	簡 宛
繪　　者	卡圖工作室
發 行 人	劉振強
著作財產權人	三民書局股份有限公司
發 行 所	三民書局股份有限公司
	地址　臺北市復興北路386號
	電話　(02)25006600
	郵撥帳號　0009998-5
門 市 部	(復北店)臺北市復興北路386號
	(重南店)臺北市重慶南路一段61號
出版日期	初版一刷　2007年1月
	初版四刷　2014年8月修正
編　　號	S 781850

行政院新聞局登記證局版臺業字第○二○○號

有著作權‧不准侵害

ISBN 978-957-14-4550-2　(平裝)

http://www.sanmin.com.tw　三民網路書店
※本書如有缺頁、破損或裝訂錯誤，請寄回本公司更換。